托尔斯泰的智慧箴言

秋之卷

[俄] 列夫·托尔斯泰 著
梁祥美 译

新世界出版社
NEW WORLD PRESS

图书在版编目（CIP）数据

托尔斯泰的智慧箴言. 秋之卷 / (俄罗斯) 列夫 · 托尔斯泰著 ; 梁祥美译. -- 北京 : 新世界出版社, 2017.3

ISBN 978-7-5104-6146-0

Ⅰ.①托…　Ⅱ.①列…　②梁…　Ⅲ.①托尔斯泰(Tolstoy, Leo Nikolayevich 1828-1910) －箴言　Ⅳ.①K835.125.6

中国版本图书馆CIP数据核字（2017）第014259号

托尔斯泰的智慧箴言. 秋之卷

作　　者：[俄] 列夫 · 托尔斯泰
译　　者：梁祥美
责任编辑：丁　鼎
责任印制：李一鸣　高　金
出版发行：新世界出版社
社　　址：北京西城区百万庄大街24号（100037）
发 行 部：（010）6899 5968　（010）6899 8705（传真）
总 编 室：（010）6899 5424　（010）6832 6679（传真）
http://www.nwp.cn
http://www.nwp.com.cn
版 权 部：+8610 6899 6306
版权部电子信箱：nwpcd@sina.com
印　　刷：北京旭丰源印刷技术有限公司
经　　销：新华书店
开　　本：880mm × 1230mm　1/32
字　　数：160千字　　印 张：8
版　　次：2017 年 3 月第 1 版　2017 年 3 月第 1 次印刷
书　　号：ISBN 978-7-5104-6146-0
定　　价：30.00元

目　录

7月

8月

9月

7
月

July

7月 1日

人心是具备神性的

所有的真理都可以在其源头找到神。真理由人表现出来，并不表示真理由人产生，而只是表示人具有能表现真理的澄明本性。

——巴斯噶

当雨水通过竹管子流下来的时候，我们会以为雨水来自竹管子，但实际上那是从天空而来的。笃信宗教的人向我们阐明神圣道理的时候也是一样，我们会以为那些道理是从讲道的人而来，但事实上是从神那里来的。

——拉马克利西那

认为自己的精神力量能独立于神的力量之外——若依老子的说法，这就等于相信风箱不仅是让空气通过的器具，它本身即为制造空气的泉源，并且相信风箱本身即使在真空中亦能产生空气。

——佚名

我带着一种特殊的力量，体验到人能做也正在做美丽的、伟大的、善良的事情，但在做这一切事情的时候，人只不过是高于自己的某种东西或某人的“工具”而已——这份情感就是宗教信仰。具有宗教情怀的人，对所有这些并非由他产生，而只是通过他来完成的奇迹，是带着神圣而喜悦的颤动来面对的。

意志和行为其实都是有源头的，我们有力量做伟大而崇高的事乃是一种奇迹。对于宗教的喜悦让我们变得明净，获得平常心，甚而归于无，或者说让我们认识到有比人更崇高的东西存在。当圣灵在生命的源头说话的时候，当我们感觉到是神在为我们运作一切的时候，自己的“小我”必然消失——先知听到神的声音，年轻母亲感觉到体内胎儿的信息，就是这样的事。当我们只能感觉到自己的“小我”时，我们是一种极有限的存在物，是自私的、受囚困的存在物。可是当我们与世界的生命相融合，与神的声音相呼应的时候，“小我”便随之消失。

——爱弥尔

假如我们能走出自己的“小我”，即使只有一刹那，任何人在这一刻都会变成没有恶念的人，甚而变成“能反射光的明净玻璃”——光总是存在的，为什么我们不去反射它？而这一刹那，宇宙万物也会在光辉灿烂中展开在我们周围。

——梭罗

伟人的思想基础其实是存在于谦虚的同胞之间的，而且，圣贤在其所接受的深远的启示中表现的特性，其实与一般人在日常工作中所表现的是完全一样的；正因为如此，那才显得尊贵。

真正伟大的智慧虽然只有极少数人获得启示，但这些人只有成为人类精神和思想的代表或范例时，他们的智慧才得以成立。这些人所发散的光，只不过是潜藏于所有人类本质中的力量之表现；这些人并非是不可思议的，也并非是奇迹，而是人类心灵的自然发展。

——世界先进思想

人类在世上的真正工作是让自己的存在本质与神相调和；只有在这样的时候，爱与理性的力量才能像流过澄清的运河那样从人的心里流过。

——世界先进思想

※

让自己保持清净，使得神的力量能从你心中通过。让神的力量通过是莫大的幸福。

7月 2日

对艺术的评价

无论在任何领域，都没有像对作品评价时所用的话——特别是像“艺术”这两个字，那样被滥用了。

当我们竭尽思考仍然感觉到有某些无法完全弄清楚的东西存在时，才真正充分满足于从艺术作品所接受的印象。

——叔本华

艺术指的是某个人有意识地以某种外在符号把自己所体验到的情感传达给其他人，或者说，艺术工作是在以自己的感触感染其他人，引起他们的共鸣。

——佚名

艺术是在让隐藏于内心的东西显露出来，让朦胧的变清楚，复杂的变单纯，偶然的变必然。总而言之，艺术揭开并表现了大自然所隐藏的目的。真正的艺术家总是把一切单纯化。

——佚名

假如世间的现象只不过如眼睛所见的那样，那么艺术就是在说明眼睛所见的这一切，是在像照相机的暗箱那样把物象表现得更纯粹更鲜明，并做更充分的观察和把握。艺术就如同《哈姆雷特》的剧幕，是舞台上的舞台。

——叔本华

一个人如果只具备平凡的感情，他的思想一定是被事物牵着鼻子走的，但是艺术家则让自己的思想来左右事物。普通人都认为大自然是固定不变的，但艺术家则认为大自然是流动着的，是可以重新铸造的。艺术家在大自然之上刻下自己存在过的痕迹；在他看来，不谦逊的世界是谦逊的，他给泥土或石头穿上人性的外衣，把它们转化为自己的理性的表现形式。

——爱默生

请记住：好胜心无法制造出任何美的东西，傲慢无法产生任何高贵的东西。

——罗斯金

音乐就是在将人内心所存在的伟大的可能性展现出来——

爱默生如是说过。关于其他所有真正的艺术也都可以这么说。

——佚名

生活于民众之间，与民众过同样生活的一些人，若能不要求任何权利，只为民众提供自己在科学上和艺术上的服务，科学与艺术才可能有助于人。是否接受这样的服务，则由民众自身的意志来决定。

——佚名

真正的科学与艺术，有两个不容置疑的指标：第一，是内在的，即为科学和艺术效劳的人并非以利益为目的，而是抱着自我牺牲的态度来完成自己的使命；第二，是外在的，即作品必须为大家所了解、所接受，而且必须为大家带来幸福。

——佚名

※

从事艺术事业纵使不像一般艺术工作者所自认的那么高尚，但只要是在把大家融合在一起，在唤起大家心中善良的情感，艺术工作就不是无益的，而是很好的工作。但现代富有阶级所承认的艺术——让大家互相叛离，为大家唤起并非善良的情感——那么从事这样的艺术不但无益反而有害。

7月 3日

自由的人

人越是把生命置于自己的动物性层面，他的自由越是受到束缚。

我曾听说，人的最大幸福乃在于拥有幸福。是的，假如拥有自由就是幸福，那么自由的人就不可能是不幸的；也就是说，当我们看到一个人陷于不幸、烦恼和痛苦的时候，最好能探查他是否自由，看看他是否为某人或某件事情所束缚。

假如自由就是幸福，自由的人就不会甘心当奴隶。因此，在别人面前卑躬屈膝，做谄媚状态的人，一定也是不自由的人；他或许是为了糊口，或许是为了职位，或是为了获得其他某种东西；总之，他是想控制身外物的奴隶。

自由的人只控制自己能顺利控制的东西，而人能完全顺利控制的东西只有自己。因此，如果有人想控制的不是自己，而是别人，那么他一定也是个不自由的人；也就是说，他变成了想统治别人这个欲望的奴隶。

——艾皮科蒂塔斯

如果只有外在自由而无内在自由，那是没有任何意义的。即使不受外在压力的压迫，而仍然由于无知、罪恶、自私、恐惧，无法控制自己的心灵，那么外在的自由对我们又有什么益处呢？我认为只有不封闭住自己的内心或把自己封闭在宗教里面的人，克服了傲慢、愤怒与怠惰，为人类奉献自己，才可以称之为自由的人。

——柴宁

为了真正成为自由的人，你必须觉悟到从神之处所接受的一切，随时都要还回去；你必须让自己的意志与神的意志相结合。只有在违反神的情况下，人才可能不自由；假如你只希望神所希望的，也就是只渴望真理与爱，你就不可能是不自由的。你能表现真理与爱，就表示你的自由没有被夺取；假如你不渴望真理与爱，你的一辈子只能算是一个奴隶——即使你拥有现世的一切荣誉，即使你成了帝王，你始终只是个奴隶。

——艾皮科蒂塔斯

※

当你感觉到自己是个被束缚的存在物时，从你自己的内在去探求原因吧。

7月4日

谈处罚

处罚人这件事，往往都不是根据正确的审判，也不是基于正义感，而是在向对你或对别人行恶的人以恶来报复，可以说大部分是基于恶劣的感情。

耶稣又设个比喻对人说——天国好像人撒好种在田里，及至人睡觉的时候，有仇敌来，将稗子撒在麦子里就走了。到长苗吐穗的时候，稗子也显出来。农田主的仆人来告诉他说："主啊，你不是撒好种在田里吗？从哪里来的稗子呢？"主人说："这是仇敌做的。"仆人说："你要我们去薅出来吗？"主人说："不必，恐怕薅稗子，会连麦子也拔出来。"

——《马太福音》13：24～29

小孩子打自己不小心碰到的床，是愚蠢的事，但大人受伤时跳起来的举动与此是相同的，因挨打而想还手也是同样的情形。“因对方曾经为恶，因此以恶报复是完全合理的。”——这种论调真是不可理解。

——佚名

有人犯罪时，另外一些人为了对抗罪恶，除了以处罚为名另行为恶外，不知还有其他更佳的方法。

——佚名

处罚必须基于一种了解，必须具有感化作用才行。

——佚名

被认为是为了教育、为了社会秩序或为了宗教上的了解而存在的处罚，其实对子女、社会或具有宗教信仰的人皆无益处。不仅如此，许多人由于教给子女冷酷、毒害社会，以及对社会一般人灌输地狱观念以抹杀他们的德性，致使过去和现在都产生了无数的不幸。

——佚名

早在很久以前，人就已经注意到处罚的不合理和无甚效果，而开始想出威吓、防止和矫正种种理论。但因为这些理论都只是以复仇为基础，并且又想尽办法隐藏这一点，所以最后仍然是行不通。人们虽然想了很多方法，但都未触及到重要的事——如犯罪的人是否忏悔，是否悔改之类的问题，他们都置之不理。这些只懂得想出种种办法，研究种种理论的人自己所过的就不是什么可取的生活。

就和我们现在看吃人或把人当神的牺牲品这类事情一样，未来的人类也会以惊异、不可解的眼光看待我们目前所行的惩罚或刑法；我们的子孙会说："为什么他们未曾注意到他们所做事情的不合理、残忍以及危害性呢？"

——佚名

所有的罪恶本身都具有远比人所能加给的刑罚更严苛、合理、适当的惩罚。

——佚名

几乎所有下狱的人以及死于断头台上的人，都是由于具有权威性的法律而陷于不幸的。

——比基罗

※

我们必须了解也必须记得，想处罚人的欲望是最低级的动物性的感情；心若顺从这种感情，便不可能有合理的活动。

7月 5日

恶存在于自己的行为中

当人一意孤行的时候，才可能犯罪；人若能根据神的意志来完成事情，一切都会是美好的。

所罗门与约伯对于尘世的虚空比谁都知道得清楚，比谁都说得好。尘世的虚空指的就是有些人无比幸福，有些人却无比不幸；有些人饱尝快乐，有些人却饱尝悲痛。

——巴斯噶

神送东西给人时，那东西和那时刻，对人都是一种恩典。

——奥勒留

人的一生是一直在向着幸福迈进的，最后他们所能获得的就是真正的生和真正的善。

——佚名

你究竟何时才能超脱肉体化为精神体？你究竟何时才能了解爱众人的幸福？又有何时你才能不需要别人为了你个人的幸福而献出生命，才能因对人生有深刻的领悟而解除自己的忧苦与烦恼？何时你才能体会得到真正的幸福总是在自己所能把握的范围内，了解到那不是别人和外在事物所能决定的？

——奥勒留

你必须相信，除了你的心灵之外，你不会有其他所有物。毅然选择最好的生活方式吧，习惯了之后那对你就会变成愉快的事。富有是不可靠的锚，而名誉比它更差，肉体、权力、荣誉也都是一样。所有这一切，都是空虚的、无力的。那么，对生活而言，可信赖的锚究竟在哪里？不用说，是在道德之中——任何暴风雨都无法把这个锚破坏。只有根据神的法则，道德才稳固不可动摇，其余则全都是空虚的。

——毕达哥拉斯

对不幸感到恐惧的时候，你已经是个不幸的人了。一直对不幸怀着恐惧的人是本来就该陷于不幸的人。

——中国俗谚

想获得活跃的无限的精神力量是人的本性。如果只追求外在的物质上的幸福，我们就只能像奴隶一般附庸于别人或偶然事物。

——爱默生

有人说：“回到自己的世界吧，这样你就会找到平安。”但这并未包含全部的真理。

有人反过来说：“从自己的世界走出来吧，忘掉自己，由此去寻找幸福！”但这同样是不正确的。

平安与幸福既不在我们的自我世界也不在我们的肉体之外，那便是既存在于我们的自我世界又存在于我们的身外世界的神之中。

——巴斯噶

外界的障碍并不损害精神力量强大的人，因为所谓损害不外乎让对方变丑，变弱——因种种障碍而暴怒的动物就是如此。对于具有强大精神力量的人而言，所有的障碍正好增加其道德上的美与力量。

——奥勒留

※

有人认为，恶只存在于自己的行为中。对这样的人而言，外界所降临的不幸与他所经验到的和平与幸福比较起来是无足轻重的。

7月 6日

战争的恐怖实况

无论战争多么可怕，都无法阻止人类参与战争。这主要是由于人们对战争产生如下一个奇妙而含混的结论：人类既然容许这么可怕的事情存在，其背后或许隐藏着某种隐秘的不可避免的原因。这个结论往往导致原本善良的人忽略战争是人所制造出来，而误以为是世界必然存在的现象，并且他们会尽量去探求战争好的一面来为战争辩护。

二十世纪末有不可避免的灾难等待着我们，人虽为此感到恐惧，思想的活动且因而停顿，然而我们不能不对此有所准备。最近二十年（不，也可以说最近四五十年）来，科学上的努力都在于研究破坏性的武器；由于这类武器的发明，战争也扩大其范围，变成民族与民族间的互相残杀。为达到杀人的目的，人们被无端激起对其他民族的憎恨。温和善良的人便接受杀人的命令，不知所以然地为了领土的扩张、贸易上的侵略和占领或者殖民地的利害关系，而以野兽般的残暴行为与其他民族互相袭击。

明知自己这一去，妻子将单独留在故乡，孩子们将在饥饿中哭泣，他们仍然温顺如羔羊般地奔赴战场；他们完全被一些高声呐喊的谎言所蒙蔽，把战争当义务，甚至祈求神明为流血事件祝福，他们便如此赴战场；他们更是一边蹂躏自己播种的作物，燃烧自己建立的城市，一边高歌奏乐赴战场；尽管温顺的人们拥有实力，尽管只要他们团结一致，必能以健全的思想取代野蛮的奸计，他们还是毫无踌躇地奔赴战场。

——罗德

有位日俄战争的目击者如此描述当时的情形：“那真是个可怕的光景。甲板上到处是鲜血、肉片、无头的身体、掉落的手脚，充满令人作呕的血腥味……最严重的是司令塔，榴弹在其上方爆炸，年轻的指挥官被炸得粉碎，只剩下一只紧握机器的手，另外跟他在一起的四名部下也有两个粉身碎骨，其他两人则负重伤。”

这并不是全部情形。当时未受伤的人，则患脱疽或热病，他们对受伤的人亦无可如何。

脱疽或需要隔离的化脓性传染病，跟饥饿、火灾、荒芜、伤寒、天花等共同为战争写上可耻的一页。

这就是战争。然而约瑟·梅斯特仍以如下的话赞美战争：

“人的心因柔弱而失去弹性，而失去信仰，当人陷入伴随文明过剩而起的腐败堕落时，只有流血能让人复活！”

另外有一些官僚学者亦作相同论调。

然而，成为战争牺牲品的不幸人们是有权利不赞成这种论调的；不幸的是他们并没有贯彻信念的勇气，一切邪恶便由此产生。又因为他们缺少了解问题的能力，习惯于对于对自己生命构成威胁的事，幻想着不久的将来一切都会好转，因而让杀人行为继续存在。结果海底堆起无数喂虾蟹的死尸。

当炮弹将他们周遭的一切炸得粉碎的时候，他们还能乐观地认为这是为了唤醒因文明过剩而失去弹性的人心吗？或是为了带给同时代人幸福吗？

——加尔多恩

今日的战争比过去任何时代都可怕。那位巧妙的战术家、天才杀人将军摩尔托克（Moltke），居然以如下一段非常奇妙的话来回答和平的代表者：

“战争是神圣的；它是神的制度，是世上神圣法则之一；它支持人类所有伟大、高贵的情感，如名誉、公平、德性、勇敢等。总而言之，战争可以把人从可厌的唯物主义拯救过来。”

于是四十万人聚集起来，日夜不停地行进战争制造，不思考、不研究、不学习、不阅读，每个人都开始腐败堕落，变成废物；睡在泥泞中，心神不定，活得像家畜一般；他们在城里抢劫，在村里放火，人民遭杀害；遇到其他的人肉集团便开炮、突击，处处血肉横飞，死尸堆积如山；有些人则终身残废，最后死在异国陌生的旷野，而自己的双亲、妻子、儿女则饿死在故乡——所有这一切居然被认为成可以把人从可厌的唯物主义中拯救出来。

——莫泊桑

论战争之害的时代已经过去了；关于这方面的事都已经被说尽了。现在所剩下的一件事就是：我们该从何做起？换句话说，就是不做我们认为不该做的事。

——佚名

※

战争的存在本身可以证明其必然性的说法是不真实的——人类的良心如此告诉人。它并且告诉人战争是不该存在的。

7月 7日

否定神就是否定精神

否定神就是否定自己的心灵和理性。

我并不是借下定义的方法来解释神和灵魂的存在——定义会破坏我对这方面的认识。我在这方面的认识之所以不容置疑，是因为我无可避免地被指引到这上面来。

我无论怎样走向神，结果都是一样的；我的思想和理性的根源就是神，我的爱的根源也是神，我的形体的根源也是神。

关于灵魂的认识亦是如此。我可以从我对真理的憧憬中认识到自己的灵魂，也可以从自己对善的爱上了解到自己的灵魂。

——佚名

即使是彻底的无神论者，无论愿不愿意，他都不能不承认神，因为他不能不承认有自己的生活法则存在——这个法则是他可以服从，也可以不服从的；人所不能不承认的这个法则，其实就是神的法则。

——佚名

神是存在的，但我们无法证明它，也无须证明它。想证明神存在的一切努力是对神的亵渎，否定神是疯狂的。神在我们的良心中，在我们的意识中；神遍在于包围我们的宇宙中。我们的良心或我们的意识就在悲与喜的最严肃的刹那间唤起神。若一个人在星光照耀的夜空下，在心爱者的墓旁，或见到殉道者被处刑的场面而还能定神，那么他不是极度可怜的人就是罪恶深重的人。

——马志尼

这个世界的生活是随着某种东西的意志而运行的，而这某种东西又借着全世界的生活以及我们个人的生活来完成它自己的伟大工作。我们就把这位完成伟大工作的存在称为神。

——佚名

※

只有对背叛神的道路信以为真的时候，人才不信神。

7月 8日

爱能战胜死亡

大家都晓得有一种感情能解决人类生活的一切矛盾，而且能带给人类最大的幸福——这种感情就是爱。

应该如何克服精神上的不愉快呢？首先必须由谦逊做起。只要知道自己的弱点，那么即使别人对我们的弱点有所指责，也就没有什么好激怒的；那些人虽然表现得不友善，但他们并没错，接着我们必须保持理智的态度，回顾自己的过去——若能如此，则一个人无论如何抬高自己，也非改变对自己的评价不可了，而且也能清楚感觉到即使别人有对不起自己的地方，自己也曾经如此对待过别人。接下来最重要的事情是宽恕别人；对于加害我们、侮辱我们的人，不但不憎恨他们，反而善待他们；善行是让我们息怒的唯一方法。你在感情上是胜利者。即使你无法改变别人，至少是拯救了自己；无论如何，愤怒是于事无补的。

——爱弥尔

不懂善的人还有什么价值呢？善是真正的财富。现实的财产任何人都可以拥有。最重要的事情是走上正道，深思熟虑，真正去行善。研究有关一切宗教的教义是微不足道的，只有善能为人带来幸福。存善心的人绝对不会误入黑暗、悲哀的境域。任何恶都无法俘虏怀着善心为大众服务的人。穷人只要机会来临，就会变成富人，但心怀恶念的人不会有这样的变化——他们永远都是人格贫乏的人。

——印度经典

爱能战胜死亡，把死转变成空虚的幻影；爱使得人生从无意义转变成有意义，从不幸创造幸福。

——佚名

如果不是拿无言而诚恳的慈悲之工具，任何东西都无法将伤口的毒针拔掉。为什么要让自己对别人的恶念、忘恩、嫉妒、狡猾感到气愤呢？争吵、轻蔑和处罚都不能解决问题，最简单的方法是抹去这一切；侮蔑、责难和愤怒只会骚扰心灵，你必须找出避开这些恶的方法。火能净化物质界的一切，爱能净化精神界的一切。

——爱弥尔

假如你未自觉到应该亲切对待所有的人，往往就会在无意识中残酷对待许多人。

——罗斯金

爱教给人无私，因此爱得以将人从苦恼中拯救出来。

——佚名

爱得越少，人所受的苦恼越多。相反的，爱得越多，所受的苦恼便越少。人生必须是完全合理的活动，而这只有在爱之中才能表现，才有能除去一切苦恼的可能性。爱使个人的生活与世界的生活结合在一起；爱的锁链一旦断了，就会尝到苦恼的滋味。

——佚名

※

当你觉得活着是一种痛苦的时候，当你对别人和自己都感到恐慌的时候，当你为种种抉择或工作困惑的时候，你最好对自己说："爱所有跟自己一起生活的人吧！"而且最好能努力去实行这件事。若能如此，任何事情都会过去的，心里也自然感到轻松。而且你将不再有所欲求，不再有所恐惧。

7月 9日

不怕无知

不要太过于肯定博学的价值；重要的不是知识的量，而是知识的质。

苏格拉底虽然认为鲁钝与明智是难以两立的，但他并不把无知称为鲁钝。不过，他认为把对自己或对其他一切的无知当成知是疯狂的。

——佚名

我们生活在哲学、科学、知识的时代，所有的学问看起来似乎都是为了给我们指点迷津而结合在一起。有许多大图书馆为大众开放，到处是小学、中学、大学，让我们从小有机会学习数千年以来许多圣贤的思想；这些机关被认为是用来启发我们的智力，巩固我们的理性。然而，我们是否真的变得更好、更聪明了？我们是否真的更认清了自己的道路，自己的使命？我们是否更进一步了解到什么是自己的使命，尤其什么是人生的幸福？我们从这一切空虚的知识所得到的，除了憎恶、嫉妒、一知半解和疑惑之外，还有什么呢？

宗教上的教义或宗派，都在各自证明只有自己找到了唯一的真理；所有的作家都认为只有自己才真正了解什么是人的幸福——但他们中的有些人却在向我们证明肉体不存在，有些说精神不存在，有的说精神与肉体之间没有任何关系，有的说人毕竟只是一种动物，还有些人说神只不过是镜子而已。

——卢梭

有些人实际上只懂得一点点，却以为自己无所不知。有极少数的人尽管对终极目标一无所知，却很清楚自己的无知。后者是要比前者进步得多。

——梭罗

我们可以借自己的沉思默想来避免许多不必要的阅读。

“阅读”与“学习”是同一回事吗？有人断言，由于图书出版的泛滥，内容质量也随之降低，这并不是没有根据的话。书读得太多反而对思想有害。我在自己所研究的学者之间发现，最伟大的思想家正是那些书读得最少的人。

假如世界上所有的人所学习的不只是该思索什么的问题，

也学习该如何思索，那么所有虚假的知识就可以全部避免了。

——李希登堡

不要怕无知，该怕的是虚假知识。世界上的一切恶就是由虚假知识引起的。

——佚名

一个人能隐藏自己的愚蠢胜于能表现自己的聪明。

——佚名

智力可因读书而加强，也可能因此而减弱，这种情况就如同身体的强弱受到新鲜的空气或污浊的空气所左右。

——罗斯金

※

引起争论的知识往往是值得怀疑的知识。

7月 10日

缺乏信仰的人

在我们的世界，往往以俗论代替了真正的信仰。

大家所信的并不是神，而是被拿来当作侍奉神的工具之虚礼，或者说，大家所信的是自己被灌输的一堆假知识。

——佚名

否定神存在的最主要、最常见的方法是无条件承认舆论的正确性，而关于“神意”则不赋予任何意义。

——罗斯金

神赐给每个人有选择“真理”或“安稳”的权利——我们只能两者选择其一，无法两者兼备。人总像摆锤一样徘徊于两者之间。热爱安稳的人必定走向他们最先接触到的信仰、哲学或政党——也就是接受他们的父亲所信奉的东西，然后他们接受安稳、附带的福利以及社会的推崇，但他们对真理却紧闭门扉。

——爱默生

我们所处之地早已没有了宗教，神的法则早已变成处世哲学的法则了。这种处世哲学并不重视善行与崇高的道德感所给予人的喜悦，它所看重的是利害得失的计算。是的，如果借我们祖先的话来说，我们是把神给遗忘了。如果以现代的说法，可以说成我们并未真正了解宇宙的事实；我们并未真正睁开眼睛看看事实的永恒性，所看的只是表面的、刹那间的景象。

我们若无其事地把宇宙看成一桩大的难解的偶然事。如果以其表面现象来判断，宇宙似乎只不过是一个大“家畜场”，一个大监狱，或一个准备三餐的大厨房。只有大智慧的人方能在其中找出真正的意义。

宇宙真实的部分是难以对其下定义的，但利害得失和毁誉对于世俗人而言却是非常容易明白的事情。

的确，我们发现神不存在了，神的法则被钻营得利的法则所取代了！

——卡莱尔

大家都不懂神，并不是好现象，但更糟的是把神不存在这件事视为神了。

——拉克坦西

无论教会、国家或是社会，都有某种固定模式铸成了年轻人的思想。然而在必须表现新时代的个性时，年轻人的思想却已经在那些模式之中硬化，再也无法接受和创造新的东西。

——露西·马洛丽

信仰并不能由人数的多寡来决定，根本不懂信仰的人才会以人数来衡量信仰的真实性。

——佚名

认为神不存在的社会将走到难以预测的结局。因为在这样的社会里，大家都认为世界的秩序乃是无数偶然现象与虚幻现象的排列，因此无论怎样稀有的偶然的事或虚假的事都早已不再让这种社会的任何人感到惊奇，即便是我们生活中最悲惨的事不再让他们感到惊奇也是很自然的事。

——卡莱尔

※

目前大家过得不好的根本原因，在于现代大多数人缺乏宗教信仰。

7月 11日

真正的慈悲

强者以自己的劳力向弱者服务的慈悲才是真正的慈悲。

被施舍之物是劳苦的产物时，施舍才算是一种善事。

俗语说：“不流汗的手是吝啬的，流汗的手则是恩惠深重。”十二使徒的教义中也有同样的话——以你汗湿的手来施舍吧。

——佚名

人类被赋予力量并不是为了虐待弱者，而是为了扶助他们，支持他们。

——罗斯金

所有的善事都是一种慈悲。给口渴的人水喝是慈悲，移开马路上的石头是慈悲，助邻人为善是慈悲，为旅客指示方向也是慈悲，对着邻人微笑同样也是慈悲。

——穆罕默德

凡求你的，就给他；有人夺你的东西去，不用再要回来。你们愿意人怎样待你们，你们也要怎样待人。

——《路加福音》6：30～31

你给予人的东西终究还是你的东西，你所把持不放的东西则早已是失落的东西。

——东方金言

有一个人把自己全部财产分给人后受到赞赏，但他说：“我没什么好赞赏的。我其实并没做什么，我只是走到不能不渡的河边，为了不碍事而把衣服脱了。如何游过这条河才是问题！”

——佚名

※

如果富人想真正具有慈悲心，他必须立刻不再做富人。

7月12日

精神的根源

我们在人生的一切现象上，可看到那将生命赋予万物的精神根源。

把人与人融合在一起的是善与美，让人互相叛离的是恶与丑——所有人都懂得这个真理，它深深刻在我们的心上。

——佚名

我们没有理由说任何坏事。只有那做坏事的人本身会受到处罚。我们的生活是互相结合在一起的，因此我们之间所发生的恶是会扩大的。我们所做的坏事正如我们的孩子，它们脱离我们的意志而独立存在，而行动。

——乔治·艾略特

我相信人经常都只是在为自己的利益而努力（而且认为那似乎是理所当然的）。的确我也相信这是维持尘世生活所需要的，就如同为了维持肉体的生活我们需要官能。但我们无法将千万人陷于不幸而仅获得自己一个人的利益。神让每个人的利益与其他人的利益微妙地结合在一起。

——李希登堡

任何人都无法独自一个人到达真理；人必须经由长久岁月，和所有的人一步步共同攀登，才能到达真理的高峰。

——佚名

人的生活虽是自转的轮子，但这个轮子却由它的无数个无限小的旋转，转向四面八方，而后转入新的、无限大的轮子里。

——爱默生

※

从外在看来我们虽然是各自分离的，但内在里却与万物互相关联结合在一起。

我们能感觉到从精神世界而来的某种东西的震动，但那“某种东西”本身却尚未到我们这里来。虽然我们还看不到它，但就像光波从远处的星星流向我们，它也在不断向我们流过来。

7月 13日

实现至高法则

要实行“神的法则”本来是极容易的事，但我们距离实行的阶段还远得很。

你们听见有吩咐人的话说：“不可杀人！”又说：“凡杀人的难免受审判。”只是我告诉你们，凡向弟兄动怒的，难免受审判。

你们听见有话说：“不可奸淫。”

你们又听见有吩咐人的话说：“不可背誓，所起的誓，总要向主谨守。”

但是我要告诉你们，什么誓都不可起……你们的话，是就说是，不是就说不是，若再多说，就是从恶念里出来的。你们听见有话说：“以眼还眼，以牙还牙。”

只是我要告诉你们，不要与恶人作对；有人打你的右脸，把左脸也转过来由他打；有人想要拿你的内衣，连外衣也由他拿去；有人强逼你走一里路，你就同他走二里路。

你们听见有话说："当爱你的邻舍，恨你的仇敌。"

只是我还要告诉你们，要爱你们的仇敌，为那逼迫你们的人祷告。

这样，你们就可以做天父的儿子，因为他叫日头照耀好人，也照耀歹人，降雨给义人，也给不义之人。

你们若单爱那爱你们的人，有什么赏赐呢？就是苛刻残酷的税吏不也这样做吗？

你们若单向你的弟兄问安，比别人又有什么长处呢？就是外邦人不也是这样做吗？

所以你们要完美，像你们的天父一样完美。

——《马太福音》第五章

在基督的五种戒律中提到了实现神的法则之可能，也指出了实现之路上的一切妨碍。每个人都非遵守这五戒不可，这样神的国度才可能在世界上建立起来。事实上连同经受现代教育之害的我们，要遵守五戒都不难，更何况拿五戒来养育子女，应该也是很容易的事。

——佚名

之所以不断有宗教上的运动产生，是因为想让宗教接近道德。即使神学之说改变，关于人所该做的事情之信念却不变。

——爱默生

人生的道理，即使智者亦难理解，但在人遵循此道走的时候，也就逐渐对它明白过来。人生的道理即使凡庸之才亦可了解，但若不循此道而行，便会对它越来越不明白了。

——佚名

任何时代，支配千万人的永恒不变的法则只有一个。不遵守这个法则的人是拒绝自己、蔑视人类本性的人；正因如此，他即使能逃过所谓的刑罚，但他自己却背负着更重的惩罚。

——西塞罗

※

为了实现神的法则，努力是必要的；只要能继续努力，无论步伐多缓慢，我们都在逐渐接近实现的地步。

7月 14日

神的世界

神的世界在人间实现的程度由神的法则在人间被了解的程度来决定。

如果每个人都能把追求神的世界和神的正义视为首要之务，那么就不再有贫困这件事情存在。换言之，如果每个人都乐于遵守神的法则，并忠心去实现由此法则所订的义务，大家就能从贫困得救。

贫困是不正和贪欲之子，是严重轻蔑人类神圣义务的产物，同时也是破坏普遍而恒久的义务之产物。当我们的良心变得非常迟钝的时候，我们就把真正的义务与世俗的法则混为一谈了。但神的国度终会来临。神的法则将重洗我们的世界，将让人类的四分之三脱离今日的赤贫状态；世界将不再是仇敌互相残害的地方，而是互助合作的同胞们所居住的地方；孩子们将受到最好的培育，将恶根除，并在废墟上建立起神的殿堂。

——拉梅内

当虚浮的无知的信仰必然变成普遍的合理的知性的宗教这个根本原理被公然承认的时候，才有充分的根据断言神的世界已经来临。尽管天国离我们无限远，但是在这个原理之中却含有净化世界、左右世界的一切东西，就如同抽长新叶让生命繁殖的胚芽。

——康德

不过是以诗的言语、美丽堂皇的气氛来吸引人的宗教仪式或口头上的礼拜，以及被认为是人生所不可避免的专制的社会组织，终有一天会随着大家对人类生活的深悟而被消除。终有一天我们的生活将不再充满对神的盲目信仰，将由于实行神的法则，帮助邻人，拯救危难中的人，完成基督所讲的爱，而自心底升起真正的宗教的诗情，这也就是天国在地球上实现的时候。

——布加

※

神的王国就在你心中，在自己内心里去寻求天堂吧，如此其他一切也就能迎刃而解了。

7月15日

肉体生活与精神生活

我的肉体生活是逃不开痛苦与死亡的，然而我的精神生活却不受痛苦与死的束缚。

因此，只有把自己的意识转移到精神的“自我”之中，让自己的意志与神的意志融合，我们才能从痛苦与消亡获得拯救。

认识世界有两种方法：

第一种是非常粗野的，不可避免的，通过五官认识的方法。借这种方法，我们所得到的只是种种错误的感觉，显现的是一片混沌。

另一种方法是由对自己的爱来认识自己，而且由对自己以外的其他一切之爱来认识这一切——认识的对象包括人类、动物、植物，甚至岩石、天体等。借这种认识方法，我们对全世界可以从其内部来重新认识；我们可以了解各存在物间的相互关系，大家有了这样的认识才能形成正确的世界观。

这个方法是一切存在物的结合遭第一种方法破坏后的重建；这个方法是以爱为基础的，因此才能走出自己进到其他一切之中，也因此而得以跟神融合，跟万物融合。

——佚名

只有一件事情是真正重要的，那就是认识神。所有的情感，所有心智的力量，所有外在的了解方法——这一切都不过是通往神的隙缝而已，不过是敬拜神的方法而已。脱离一切必然消失的东西，只跟永恒的根本的东西结合，对于其他的，我们必须高高兴兴地把它当作暂时借来的。敬拜、领悟、接受、参与、行动——这就是你的道，你的义务，你的幸福，你的天职。要来的就让它来，即使来的是死亡也要接受。保持内心的和谐，与神交会；活在神的面前，并且求得无比强烈的永恒的力量以引导自己的生活。死亡未找上门的时候固然很好，当死亡来把你带走的时候则更好；死亡为了向你展开伟业、自我否定、道德的伟大诸领域，而把你走过来的行程给封闭了。总而言之，你是离不开神的，你必须觉悟到非选神为你的旅伴不可。

——爱弥尔

道德上的苦恼究竟有何意义呢？所有的东西不是很快就要消失吗？我们必须以何种理由对何物怀抱兴趣呢？

时间是空的，但是假如你在今天发现神，你的生活便因之而充实，只今天一天就已值百年。

——爱弥尔

生活的中心并不在思想、感情和意志之中，也不在意识之中；人越是多思索，多感觉，多希求，就越能明白这件事。因为道德上的真理虽然也能从这些方法获得，但它很快又要消逝。我们要在比意识还深的地方去发现我们的本体、我们的本质和我们的本性。只有在无意间或无意识中，而且本能地通过我们本身来创造的、进到我们内心的真理，才能形成我们真正的生活，亦即形成我们的真实的“我”。当我们认为真理与我们之间有某种空隙存在的时候，我们还是在真理之外。思想、感情、欲望、意识——所有这一切都还不是生活。

事实上，我们只有在永恒的生活之中才能找到和平与宁静。所谓永恒的生活就是神的生活，也就是神的本身。过与神一致的生活——在这一件事里才有了生活的终极目标，亦即只有在这种时候我们才不会失去真理，因为真理早已不在我们之外，甚至也不在我们之内，而是我们形成了真理，真理形成了我们。这时候，我们就是真理，就是神的意志，也是神的事业；这时候，自由成了我们的本性，我们与神共同创造，通过爱而与神结合，而获得存在的必然性。这时候，神的养育结束，而神的祝福开始；时间的太阳下沉，展现的是永恒的祝福的光芒。

——爱弥尔

神住在万人之中，但不能说万人住在神之中，这里便存在着人类苦恼的原因。

如同没有火，灯就无法点亮，没有神，人就无法生存。

——婆罗门教经典

如果想达到对宇宙“大我”的认识，首先非先认识自己不可。为了认识自己，非把自己奉献给宇宙大我不可。如果想过精神生活，则须牺牲世俗的生活，让自己的思想远离外在的事物，让自己避开外在的一切暗示，避开给灵魂投上阴影的种种物象。

你的影子稍留片刻便要消失，但你内在里却有永恒的东西存在，那就是认识神的力量（彻悟的力量），那并不随着人生转移。这个永恒的东西就是本体，而这个本体应该是过去存在，现在存在，将来也存在；那是跟时间无关的。

——佚名

※

我们作为动物性存在的“自我”之幸与不幸，是在我们意志之外的东西，受神的意志所左右。但作为精神性存在的“自我”之善恶则与我们是否顺从于神的意志有关。

7月 16日

闲聊与沉默

没有比闲聊更能助长安逸和怠惰的了。闭口不言对一般人是困难的；为了打发因懒惰而产生的无聊，不以聊天来解闷是让人无法忍受的。

说得多的人，实际上做得少。圣贤总是担心自己说出的话没有实行。

所以为了担心言行不一致，圣人不说一句空言。

——中国格言

先思考，然后再说话，但在被人认为说太多之前就先闭嘴吧。人因有说话的能力而显得比动物优越，但如果对它使用不当，就变得不如动物了。

——波斯经典

愚者就是对于天使不敢进去的地方还盲目闯入的人。

——佚名

如果不想让自己跟愚者一样，就不要和愚者还嘴。

——佚名

经常保持沉默的人容易接近神，消遣与闲聊之后总伴随着落寞与急躁。

——佚名

在我们已经为自己所说的话后悔过一千遍的时候，是否曾经因保持沉默而后悔过一次？

——佚名

不说话的人其实是最能说的人。

——佚名

※

从沉默里能体会出更深的喜悦。

7月 17日

谈暴力

古代社会组织的基础是暴力与彼此间的轻蔑，但现代社会组织的基础则必须是合理的共同协助，以及对暴力的否定。

你们听见有话说："以眼还眼，以牙还牙。"但是我要告诉你们，不要与恶人作对；有人打你的右脸，你就连左脸也转过来由他打。

——《马太福音》5：38～39

善于用人者往往是谦虚的，这就是所谓的"无抵抗"的道德。

（原文：善用人者，为之下，是谓不争之道。）

——老子

我们若忽视人的理性，认为只有靠暴力才能指导人——这种对待人的方式，等于给马戴上眼罩，让它乖乖在圆圈里走路。

——佚名

所谓有教养的人——对暴力不能不发表自己意见的人（这对具有理性的人而言是当然的事）——也就是学者、自由主义者、革命分子等，他们论述、批判并阐明人的自由与价值。但这些都是他们被集合起来套上桎梏之前的事；哨子一吹，所有的议论、自由主义、关于自由的谈论全都消失了；这些人被迫穿上制服，手持武器、跑、跳、立正、转圈、戴帽、脱帽、敬礼、高喊万岁，尤其命令一下，他们甚至必须有杀父之决心。

这就是那些有教养的人的现状，他们曾经主张人有互助合作的义务，最后却做出自相矛盾的事。

——佚名

如果只有以暴力才能推动人类进步，那么理性究竟有什么用呢？

——佚名

※

当我们被要求行使暴力的时候，必须作出理性的判断，这样我们才不致为舆论所击倒，才能经常保持精神的胜利状态。

7月 18日

万物紧密联结

万物相互间是密切结合在一起的。

人子啊，你欺骗了你的兄弟了吗？你曾经告诉过他们：“到我这里来，让我成为你们休息的地方！”但他们向你走过来了吗？他们对你所说的话铭记于心并表现于行为了吗？他们遵从你的命令了吗？他们有如同胞兄弟般互爱了吗？如果他们那样互爱，他们一定结合为一体了。如果他们已经成为一体，那么妨碍他们坚守正义、建立理想国的力量又从哪里来的呢？

但目前他们却因为彼此如一盘散沙而显得力量薄弱；对于压迫者因为各自单独去抵抗，所以没有什么力量；他们没有力量，因为他们没有战胜一切的信念，也不具备比那信念更有力量的爱；他们没有力量，因为他们以利己主义来武装自己，而且因为他们缺乏牺牲的精神，缺乏不知疲惫、不丧失希望、终生不断奋斗的力量；他们没有力量，因为他们畏惧别人，因为他们未真正了解你对他们所说的话。拼命想守住生命的人必失去生命，为建立神的世界而牺牲自己的生命反而得救，这是非常明白的事。

——拉梅内

对某些人而言，自己以外的其他一切皆属“非我”，他们实际上只认为自己是真实的，至于其他一切，只不过是在其背后与自己存着某种关系，因此他们认为那只不过是对自己的目的有所帮助或有所妨碍的幻影。对他们而言，他们自己与他们认为“非我”的其他一切之间存在着不可测的深渊，结果，孤立在“小我”之中的他们，也会认为世界的一切都将随着自己的死而消灭。

但相反的，另有些人则在其他所有的人或所有的生物之中发现到与自己同样实在、与自己完全相同的东西；对他们而言，有某种东西通过自己的生命与其他所有一切互相交流，他们认为随着自己的死而消失的只不过是自己生命中极微小的部分；也就是说，他们还继续存在于其他所有的人之中。他们与别人并不分彼此，他们爱自己也爱别人。

这就是为什么极善良的人与极邪恶的人在临死之际所表现的会有那么大的差别。

——叔本华

我绝不只求一个人的得救，只领受一个人的幸福；我并不希望只获得一个人的安宁。无论在何处，我都尽量祈求宇宙万物的得救；在万物获得真正的自由之前，我绝不离开现在所处的世界，我绝不抛弃这个罪恶、悲哀、斗争的世界。

——中国经典

亚当的子孙是同一个身体的手足，一只手受苦的时候，其他手足也会跟着受苦；你如果冷漠对待别人的苦恼，就不配称为人了。

——萨迪

一个人的生命非跟其他所有人的生命密切联结在一起不可，因为万物是以和谐一致贯穿在一起的——外在世界如此，精神世界亦然；生命的一切现象成立于它们密切的关系之中。

——奥勒留

神召唤所有具备理性的人去做同样的一件事；如同人身体的各个部分一样，所有的人在这世界的生活中也都在为同一个意义而各尽所能；所有的人生来是要靠理性去完成同一件事情的；自己不过是那伟大“精神体”的一个肢体，在这种意识之中存在着某种鼓励人的和安慰人的东西。

——奥勒留

如今，人类已经开始清楚意识到，大家不是一起存在，就是一起毁灭——那声音虽微弱，但大家逐渐在自己内在意识里听到那声音了。

——露西·马洛丽

※

不要认为把自己孤立起来的人有幸福可言，不要以为他们的恶不会成为全世界的恶，不要以为你可以避免承受那恶。

7月 19日

善是单纯的

真正有益的、真正善良的、因此又是真正伟大的事物，经常是单纯的。

拥有人类真正生命的往往是那些单纯的民众。

——佚名

人世间真正伟大的人，几乎常常是完全不引人注目的。很有可能在我们面前就有人默默地不为人所知地做着最宽大的牺牲，酝酿着最高贵的思想，但我们对此却往往无动于衷。我相信此等伟大的事情是由一些默默无闻的人所做的；我相信往往是这些所谓庶民最勇于忍受苦难；我相信他们往往都具有不加粉饰的诚实、坚定的信仰、宽宏大量的心，而且更重要的是他们往往比富有的人更懂得生死的正确意义。

——柴宁

如果只为衣食住，人所需要的其实很少，多余的应该拿去助人。

——东方格言

生活、言语、习惯的单纯，能让人民获得力量，但是奢侈的生活、虚饰的言语、颓靡的习惯，都能将他们导向衰亡。

——罗斯金

最明白的观念也往往因复杂的议论而变得不明白。

——西塞罗

※

如果想发现值得模仿的范例，那么从平凡的谦逊的普通民众之间去寻求吧。只有在他们之间才有不仅不自夸，而且自己都不觉得的伟大。

7月 20日

勤 劳

勤劳并不是道德，但它是过道德生活所不可缺的条件。

不必要的、小气的、没耐心的、急躁的、妨碍别人的、想引人注目的勤劳，倒不如懒惰好。真正的勤劳是安安静静的、不引人注意的、总以一定的量进行的——也就是默默的耕耘。

——佚名

自己可以做的，自己来做吧。每个人都应该把自己的门前扫干净；若每个人都能这么做，我们就有美丽的街道了。

——佚名

人有三条致富的道路，即勤劳、乞求以及抢夺。假如勤劳的人收入极少，那是因为有太多的东西装进乞丐和盗贼的口袋里去了。

——亨利·乔治

勤劳本身是好的，但问题是究竟为了什么目的而勤劳呢？

——梭罗

有游手好闲的人，却也有过分操劳的人；有饱食终日无所事事的人，却也有三餐不继的人。

——佚名

※

闲散阶级大部分煞有其事地忙于他们的娱乐（他们自认为这就是勤劳），但他们并不因而使别人的勤劳显得没有分量，反而使别人更开拓了勤劳的园地——所有奢侈的娱乐都是如此的。

7月 21日

爱

爱是神的本质之表现；爱是不能等待的；它只在“现在”这一个时刻表现。

一般认为，爱的意义就是行善；我们都这么解释爱，除此却找不到更恰当的解释。

——佚名

人如果以实行将来更大的爱为借口而拒绝现在小小的爱之要求，他是自欺欺人的，除了自己之外他是不爱任何人的。

——佚名

并没有所谓未来的爱，因为爱只是现在的一种行为；不在现在实行爱的人，根本是缺乏爱的人。

——佚名

我们不要为关怀所爱的人这类事情而踌躇不前；我们无须坐等他们或我们自己为疾病所侵袭或为死亡所威胁的时刻来临。人生是非常短暂的，我们在这匆促的旅程中让旅伴的心情愉快，时间已嫌不够。没有什么事比让自己成为善良亲切的人更迫切的事了。

——爱弥尔

默默帮助不幸的人吧。不必让他们知道恩人的名字，只让他们从心底领受那份恩惠。

——圣贤思想

即使受到世人的谴责，还是继续你的善行吧！这样做比因行恶而受到世人的赞赏要好得多。

——罗逖

福音书是以单纯的信仰（却是对神的明确的信仰）为内容的，而且也以对神的敬爱和遵从神的法则为内容。神的一切法则都包含在一件事情之中，也就是“爱邻人”这一件事。因此爱邻人如爱己的意思就是遵循法则和实现法则的幸福状态。相反的，侮辱邻人、憎恨邻人无疑的也就是一个人陷于苦恼和

“我执”的状态。

——斯宾诺莎

爱有两种：

一种只是单纯的对人的爱；这种爱并未懂得爱那存在于众人之中的唯一的精神根源。

另一种就是对前面所说的“精神根源”之爱。

这两种爱的差别在哪里呢？第一种爱是只爱我们所喜欢的人。第二种爱则是爱所有的人，包括我们所喜欢的和不喜欢的人。

前者不断改变爱的对象，如妻子、朋友、丈夫等，因为我们所爱的对象不断改变，我们的感情也不断变化。

后者则随着我们自己在德性上的成长，让我们逐渐明确地在众人之中认识到神灵的根源，并逐渐对此产生深刻的爱。

——斯特拉霍夫

※

我们常常会无限懊恼地想起一些不可挽回的事：我们后悔为什么当时会做那样的事？为什么当时不做做好事？为什么不对求助者伸出援手？为什么不尝尝尽了义务之后的喜悦？

7月22日

信仰与行为

与生活不相合的信仰，就不能算是真正的信仰。

所以凡听见我这话就去行的，好比一个聪明人，把房子盖在磐石上。雨淋，水冲，风吹，撞着那房子，房子总不倒塌；因为根基立在磐石上。凡听见我这话不去做的，好比一个无知的人，把房子盖在沙土上。雨淋，水冲，风吹，撞着那房子，房子就倒塌了，而且倒塌得很厉害。

——《马太福音》7：24～27

有诞生便有死亡；同样的，凡是不免一死的，无一不是有过生命的开始。既然如此，我们就无须为不可避免的事抱怨。生物过去的状态是模糊不清的，中间一段的状态是清楚的，未来的状态则是不可知的，我们有什么好烦恼的呢？有人把灵魂视为奇异的东西，有人带着惊异之色谈论它，但任何人对它都是一无所知的。

天堂的门为你打开，就只开你所需要的那么大。让你的心面向神吧，同时好好引导你的行为，莫以报酬作为行为之目的；只要尽了义务，无须为结果烦恼。

——康德

有一件重要的事要求于我们，那就是从真正的意义来了解宗教；我们要的不是咒文和欺骗，而是对人类的生活持科学的理智的态度。不要认为没有祭司或牧师就无法获得神秘的超自然的东西。宗教就是对神与邻人的爱。为邻人为万人的幸福而奉献自己吧。而行善便是对邻人的奉献和对神的奉献。

——布加

※

神的王国就在你心中，在自己内心里去寻求天堂吧，如此其他一切也就能迎刃而解了。

7月23日

努力的必要性

努力是完成道德所不可或缺的条件。

阻止我们通往善的道路之障碍物，可以靠精神的凝聚来克服，这反而给了我们新的力量。我们想为善的时候，那威吓人的障碍物本身就会成为善，于是在未曾预料的一个出口突然展开了一条光辉的道路。

——奥勒留

德性就是去完成自己认为该完成的任务，但切忌成为习惯性。相反的，必须常常更新，必须随时有对新任务的新要求从心灵深处产生。

——康德

如同巡逻兵提高警觉守护要塞，守护城墙的周围和内部，人也必须随时好好看守自己。尤其在跟别人的关系上，一刻也不能疏忽；在人生重要的一刻迷失，必定陷入地狱。

——佛陀

不责备自己而一味责怪命运的人，就和不懂得使用工具而一味责备工具的人一样；他们责怪命运亏待自己，一心所求的只是自我的满足——这样的态度是很可怕的，是令人绝望的。他们会说：

“如果没有人让我生气，我就会是善良而温和的；如果不这么忙碌，我就会深具信心敬爱神了；如果我是健康的，我就会成为很有耐心的人；只要我有门路，我就会做出惊天动地的事……”

假如我们不能让现在的境遇成为善良的、神圣的，那么我们能把怎样的境遇变为如此呢？

我们的困境是为了让我们以善心和决心来克服它而给予我们的，黑暗的境遇是为了让我们以神的光来照耀它而给予我们的，悲伤的境遇是为了让我们怀着信心来忍耐，危险的境遇是为了让我们表现自己的勇敢，充满诱惑的境遇是为了让我们借信仰来征服它而给我们的。

——马蒂诺

有人认为能享受肉体方面的快乐才是自己最富意义的生

活，这是多么错误的想法！肉体只是精神的载体！

——梭罗

人只有靠努力才能得到报偿。努力能把人带到充满希望的世界。

——《古兰经》

※

我们总为自己的境遇愤怒、悲伤，而想改变它。其实无论在哪一种境遇，人都有他该做的事——当你健康的时候，你该努力为别人奉献你的力量；当你生病的时候，你该努力不妨碍别人。如果你是富有的，努力逃开它；如果你是贫困的，努力不求于人。如果你遭受侮辱，努力去爱侮辱你的人；如果你侮辱了别人，努力不再为恶。

7月24日

认识内在法则

人能自觉到内在的法则，其实就是存在于他心中的神之表现。

有两个欧洲学者夏氏与齐氏，他们在很多地方都大不相同。夏氏是个脾气暴躁的人，齐氏则善良而温和。有一次，一个异教徒来找夏氏，他说："我想得到真正的信仰，但你必须在我用单脚站着转一圈的时间内把你全部的法则教给我。"夏氏一听大怒，于是把他驱逐出去。那个异教徒也到齐氏那儿要求同样的事，齐氏说："你要求于别人的，你先来为别人做吧。"他借此数言将全部道理说尽了，因为在这一个道理之中已包含了所有的道理。

——佚名

义务的最纯粹的观念跟以自己的幸福为出发点、只关系到自己的幸福或只考虑到自己的幸福（通常都需要巧妙而细致的考虑）之义务观念比起来，其实简单明了而且自然得多。以健全的思想来判断，便可断言：假如义务的观念完全超乎自私的动机，它一定是个更有力量、更坚固、更有成果的观念。

知道某件事非做不可——亦即关于义务的意识，其实就是神的恩赐在人内心里的无限展开；这时候人也就能如同预言者那样，感觉到自己的使命之伟大与卓越。假如人对此有多一层留意，就会习惯于作为“尽义务之报酬”的一切利益与善行本身之间的区别；如果对善行的不断训练（也就是经常被轻视的尽义务之方法）成为社会教育的基础，那么大家的生活状态就会急速获得改善。

历史上关于善的探讨，到今天之所以未带来理想的结果，乃由于一般人所持的义务观念似乎过于脆弱且离谱；尽义务求报酬的愚蠢动机似乎在人内心里有强烈作用。但事实上，认识人生之道，在正确的观念下尽自己的义务，却比要求外在的报酬更能使一个人实现善的法则。

——康德

※

遵守善的法则与物质的、世俗的幸福，完全是两回事；因遵守法则而获得的物质上的幸福反而毒害人的精神；道德上的善与物质上的善是对立的——这件事虽为人类带来苦恼，但人处于这种状态，精神才得以提升。

7月 25日

到自己内部寻找恶因

我们的苦恼与我们的罪过之间的关联即使不明显，事实上也还是存在的。

有人说："我虽然以善待人，别人却报我以恶。"

但假如你真正爱你所善待的人，那么在对方因你的爱而获得的幸福中，你已经得到报酬了。因此你对所爱的人行善也等于对自己行善。

——佚名

德性的报酬就在行善的意识本身之中。

——西塞罗

基督预言过对未来的拯救；他向民众说过得救的必要条

件——得救就是爱、自我牺牲、怜悯、宽容的果实。

如果这样你还是得不到自由，还是处于贫困、悲哀的状态，那么只好责备你自己了。

你遵守基督的命令了吗？你做了你该做的事了吗？你是否为了争取权利，为了获得自由，为了逃脱被压迫的黑暗悲哀的境地，以便建立更好的环境而一再努力过？是的，你似乎努力过，但你努力的结果又如何？为什么你花那么多心血建立的东西很快又毁坏了呢？如果你不是跟那些把家建在沙上的人一样，那又是为什么呢？当河川流过你家，你家便不堪冲击而毁坏。

——拉梅内

当一个人在自己的过失中发现自己苦恼的原因，并努力去消除那苦恼的时候，他就不会因反抗苦恼而有多一层的痛苦，他反而轻松地，甚至欣然地忍受。但如果一个人看不出自己所遭遇的苦恼与自己的过失有明显关系，他便会拒绝这种苦恼；他会自问：为什么呢？为什么我要忍受它？他的苦恼会逐渐变成可怕的苛责。

当一个人找不到他所经验的苦恼与自己的生活之间有任何关联时，会有两种看法供他选择：一种是不知所以然地继续忍受苦恼，另一种是承认苦恼来面对自己的过失和作为，并承认苦恼正是拯救自己以及别人的手段。

若采取第一种看法，则不知苦恼有何意义，除了不断扩大绝望与愤怒之外，并不能唤起其他任何行动。若采取第二种看法，则苦恼便足以唤起构成真正的生活的一些活动——也就是唤起由认识罪过、走出迷宫、服从理性的法则等所构成的行为。

——佚名

经验过苦恼之后，你才明白人类心灵间相互的密切关系；你自己受过苦，才对所有受苦的人有一番了解，才知道该对他们说些什么。不仅如此，头脑也因此变得更加灵活，也就是说，人们一向隐藏着的状态或经历，你会因而明白过来，你也因而搞清楚什么事对谁是重要的。赐给我们智慧的神是伟大的，但神究竟以什么方法将智慧赐给我们的呢？正是通过我们拼命想逃避的不幸。借着苦恼与不幸，我们可以获得从书上得不到的睿智之鳞片。

——果戈理

※

到你自己的内心去寻找你所苦恼的恶因吧。有时候那恶正是你的行为的直接结果，有时候是经过复杂的回旋过程再到你这里来，但恶因通常是在你内心里的。只有改正自己的行为，你才能由此得救。

7月 26日

神就在你心中

在一切信仰中，只有心灵的要素是真实的。

基督并没有对撒玛利亚人说：“为犹太人而放弃你们的信仰吧！”他也没对犹太人说：“与撒玛利亚人结盟吧！”但他同时对撒玛利亚人和犹太人说：“你们同样都错了。”神就是心灵；对神的信仰是内在的东西，与土地或其他外在的形式并无任何关系；神殿或神殿的礼拜都不是重要的；加利拉亚和耶路撒冷也都不是重要的。无论在何处皆真正有所皈依的人，在天地间任何地方皆能虔诚礼拜的人，也就有可能在心灵中、在真理中礼拜神，因为神恰好在寻求这样的礼拜者。但神哪一天才能找到这样的礼拜者呢？哪天大家才会倦于吸取无法解渴的泉水而转向神呢？哪天疲倦的人们才能从世界各个角落来到神的井边休息呢？

——拉梅内

基督来到世界是为了告诉世人永恒并不在来世，虽然那是为眼睛所看不见的；永恒并不是要把人冲到时间之流的海洋，它就存在于现在每个人的周围；人越能触及它的存在，越是对它有所领悟，生活也就越纯化，越真实。他也告诉世人，神并不是在遥远的天上，并不是与人间隔无限距离而存在的偶然的抽象物；神是人类之父，人就在其膝下存在、活动、生活；神所喜爱的事奉不在教会严格的仪式中，而是在慈悲、正义、谦恭和爱之中。

——法拉尔

神是个灵，所以拜他的必须用心灵和诚实拜他。

——《约翰福音》4：24

仅由身体的状态与运作而形成的宗教，还不如竞技者的练习。

如果没有内在的领悟，只在口头上赞美神是无济于事的。

否定此生的信仰是虚伪的信仰，因为永恒的生活就从此生开始。

已经到达自我完成阶段的人，心灵与自然界之间，或自己与别人之间，就不再存什么差别了。

人子之中，只有那些在自己心中认识神的人，才值得被赐予圣名。了解自己，才有可能成为圣者。

生命的根源就在现在你的心中，何以竟要到别的地方去寻找呢？这不是跟在太阳底下还点灯的人一样吗？

——威玛纳（印度）

为了心灵的得救，认识具有肉身的基督并非绝对必要，但认识神之子——在万物之中，在人类心中，尤其在基督心中所表现的永恒之神的睿智，无论如何却是必要的。没有这份睿智，任何人都无法获得幸福，因为睿智告诉我们什么是真、什么是假，也告诉我们善是什么、恶是什么。

——斯宾诺莎

※

不要怕从你的信仰上舍弃肉体的、看得到的、摸得到的东西；信仰将随着你对它的精神核心之净化而得到巩固。

7月 27日

知识不是目的

知识是工具，不是目的。

无论大家对自己的使命或幸福之看法如何，科学只不过是关于那幸福和使命的研究，而艺术又只不过是这种研究的表现。但我们现在称之为科学、称之为艺术的东西，是闲散阶级所思、所感的产物；现代的科学或艺术因为并没有为大多数人带来幸福，所以对他们而言，那是不可解的东西。

——佚名

为了拔除扎在脚上的刺，往往必须借助另一根刺，而脚上的刺一旦拔除，两根刺都可以同时丢弃。同样的，为了除去蒙蔽“真我”的无知，知识才是必要的，知识并无其本身的价值，它只不过是一种工具。

——婆罗门教经典

科学应该是用来巩固宗教的基础，不应该作为获得财富之用。

——萨迪

拥有知识而不加利用的人，就和播了种而不收割的人一样。

——佚名

“学者”这两个字所包含的意义是某人学会了很多事情，并未意指某人真正领会某种事情。

——佚名

走出象牙塔！走出孤独的领域！你是否想过埋头苦读是为了什么！当时机成熟，你必须把自己的所思、所学，做实际的奉献。有许许多多的人正等着你的协助！

——佚名

※

人生的目的是完成神的法则，而不是获得知识。

7月 28日

完成与悔悟

为达到“自我完成”，忏悔是绝对必要的。

到自己之外去寻找恶的根源是危险的，如此便不可能有所忏悔。

——罗勃特森

当一个人遭遇不幸的时候，他首先该做的是什么呢？抱怨某人或某种环境吗？对全世界发出悲叹之声或责备之声吗？当然不该如此。所有人类的导师都告诉我们，该责备的是自己，而不是别人；不幸者必须先了解自己的不幸完全是由自己的无知所引起；如果他信赖自然，信赖自然的法则，那么具有不变法则的自然一定会给他恩惠、满足与幸福；但如果他不遵从自然的法则，自然便无法忍受，并且不予慰藉，并陷他于孤独中，这时候自然会对他说："我的孩子啊，不是走这条路，是走另外一条路，这样你才能获得幸福，你现在所走的路只会把你带向不幸，放弃它吧！"德高者还会劝大家在悔悟之后对自己如此说："是的，我是无知的，我拒绝了神的法则，跟从了易变的，虚伪的，亦即魔鬼的法则，正因为如此，我才落到今天这种地步。"

——卡莱尔

我的内心非常沉重，我活这么久从未给过任何人幸福——我的朋友，我的家人，或即使是我自己。我犯了许多罪恶……我是三大战役的发动者，由于我，八十多万人死于战场，而他们的母亲、兄弟姊妹、妻子为此悲痛哭号……这一切构成了我与神之间的障壁。

——俾斯麦

※

无论一个人目前处于何种阶段，最好能尽早立志走向完善之境。

因此，僵化了的法利塞人（伪善者）的正义之心，远不如在十字架上悔改的罪犯之心。

7月29日

理性的使命

越是必要的东西，它的滥用对人越发有害；人的不幸，大部分由理性——生活最贵重的武器——之滥用而引起。

神把它的精神和智慧给我们，是为了让我们了解并实现它的意志，但我们却用它来实现自己的意志。

——佚名

假如理性变成恶行的奴隶、情欲的工具、虚伪的庇护者，那么它不但会成为邪恶的东西，而且会成为病态的东西，并因之而丧失区别真伪、善恶、正义与不义的能力。

——柴宁

人把自己的理性用来解释世界为什么存在，自己为什么活在世界上这一类问题的时候，会产生晕眩呕吐的感觉——人的理性根本想不出这类问题的答案。换句话说，人被赋予理性并非为了回答此类问题；提出这类问题本身就已经显示了理性的迷妄。理性只解决“应该如何活着？”这样一个问题，而且答案是非常明白的——无论自己还是别人，都要活得好；这对所有的生物包括对自己，都是必要而且可能做到的；而解决这个问题是不问“何故”的。

——佚名

把理性做不必要之用途的人，就像黑夜里才有好眼力，大白天反而目盲的猫头鹰；虽然他们的理性用于徒劳无益的学问时显得非常锐利，但当真理的光芒射向他们的时候，却什么都看不到。

——匹塔克

对于失眠的人，夜是漫长的；对于疲倦的人，一里路都嫌远；对于无知的人，一生是漫长的。

——佚名

※

理性的使命乃在于发现真理，因此理性的滥用，亦即用理性来遮盖真理，歪曲真理，必造成极大的害处。

7月30日

道德律

真正的圣人和真正的宗教对道德上的法则都有清楚的说明。

为了解如何才能具有正确的意志，并无须特别深刻的思想。我既无了解世上所有事物的能力，亦无法穷究世上的一切现象。我只问自己一件事：我是否能同意，左右自己行为的动机合乎所有的人所应该遵从的法则？如果答案是否定的，那么我行为的动机就并非正确。所谓并非正确不仅在于将会因此为我或别人带来恶果，更在于不合乎大家该共同遵循的根本法则这件事情本身。而我的理性将迫使我尊重这个法则；即使我不了解站在怎样的基础上来迫使自己尊重它，我却知道自己不能不尊重存在于那个法则中的“某物”，这“某物”远比其他显示给我的一切事物更有价值；我知道遵循这个道德上的法则是超越其他一切动机的。它是一种义务。

——康德

全世界只遵从一个法则；所有具备理性的人，他们的理性只有一个，因此真理也只有一个；对具备理性的人而言，关于完美的了解也只有一个。

——奥勒留

要人如何对你，你也如何对人吧——这是不变的法则。

——佚名

※

道德上的法则是非常简单明了的，是大家都可以懂的；如果有人到现在还不能了解它，那是因为他否定了自己的理性。

7月31日

爱

爱不仅给予发散爱的人精神上的、内心里的喜悦，同时它也是为了使尘世的生活成为无比喜悦的重要条件。

爱并不是对某特定人物的爱，而是愿意去爱千千万万人的精神状态；在这种状态之中，我们才能认识到我们心中属于神的根源。

——佚名

你所感觉到的内心之喜悦状态，是由于你为邻人服务而得到的邻人赠送的礼物。

——东方金言

不要刻意去求得别人的爱。在你爱别人的时候，别人也会爱你的。

——佚名

莫悲叹你在世上所遭遇的事，只要深怀慈悲之心！将忘恩转变为施恩，将侮辱转变为宽恕——这是高贵灵魂神圣的修炼术。而且必须让它做来方觉得容易，让大家认为那是极自然的事，并且认为无须有人为此而夸奖你。

——爱弥尔

所谓爱就是活在所爱者的生活中。

——佚名

圣人没有自己的感情，众人的感情就是他的感情。他以善报善，也以善报恶。他以信对待可信者，也以信对待不可信者。

圣人在世上是无私的，他以朴质之心治理天下，因此众人的耳目皆归向于他。

（原文：圣人无常心，以百姓心为心。善者，吾善之；不善者，吾亦善之；德善。信者，吾信之；不信者，吾亦信之；德信。圣人在天下，歙歙焉。为天下浑其心，百姓皆注其目，圣人皆孩之。）

——老子

爱告诉我们幸福的秘诀——那就是与其他所有的人结合在

一起生活。

——佚名

没有爱，任何工作都无法得到真正的好处；一切由爱唤起的工作，无论看来多小，多空虚，终究会结出丰富的果实。

——佚名

宗教是爱的最高形式。

——帕克

爱是我们内心最美好的表现。

——佚名

※

一个人越是能爱，别人也就越爱他；别人越爱他，他就越容易爱别人。因此爱是无限的。

8
月
August

8月1日

自　由

能给人自由的，只有理性。人的生活，越是失去理性，越是变得不自由。

你问："如何获得自由？"为了获得自由，所凭借的绝不是舆论的指示，而是你自己对善恶的区别。

——塞内加

假如你连因某种欲望或虚荣心而行恶的念头都没有，那么就没有你做不到的善行了。

——中国金言

战胜自己——这是获得自由的最佳方法。驾驭自己——这是不让别人控制自己的最佳方法。

——东方金言

一个人与某种思想的联结，就和身体被系于柱子上的情况类似。把身体系在柱子上的绳子越长，他所享有的自由范围就越广；同样的，为千万人的幸福着想的人便享有最大的自由。

——露西·马洛丽

由于尽了自己的义务而感到欣喜的人，对人生的道路深思过的人，对于人生法则不是因恐惧而遵从，而是因认为非遵从不可而对它表示谦恭的人，除了自己的判断和意志之外不受其他任何力量控制的人——这样的人生活才是自由的。

——西塞罗

只有按照自己想要的方式活下去的人，我们才能说他是自由的；富有理性的人往往照自己的意识生活，因为他只求自己所能得到的东西，因此只有这样的人才是自由的。

没有人愿意自己成为罪人，没有人愿意自己在错误之中过不正确的生活，没有人会故意选择让自己陷于悲苦的生活，没有人会喜欢过不洁的、可厌的生活。换句话说，所有过着不正当生活的人，其实并非顺着自己的意志，而是违背自己的意志；悲愁苦恼都不是他们所想要的，虽然如此，他们却不断过着苦恼而恐惧的生活；他们做自己不想做的事，所以他们绝对不是自由的。

圣人戴奥金说："只有随时做好死的准备者，才是真正自由的人。"他给波斯王的信如此写着："无论如何，你无法使真正自由的人成为奴隶，这就和你无法让鱼随你的意思游动一样；即使你把他们囚禁了，他们仍然不是你的奴隶。假如这些人在囚禁中自杀了，你关他们又能得到什么好处呢？”

这是真正自由的人所说的话；这样的人知道真正的自由在何处。

——艾皮科蒂塔斯

我们任意过着在道德上和生理上都违背人类本性的生活，而且一边过着这样的生活，一边还想获得自由。

——佚名

对善与真理的恭顺是很好的，而且是必要的；但对恶与虚伪的恭顺则是人的腐败与堕落之极致。

——卡莱尔

宁为情欲之火所俘虏的人，渴望享乐的人，任由肉欲膨胀的人——他们都是作茧自缚的人。

只想到平安之喜的人，或能穷究问题，在别人看不到幸福的事物中发现幸福的人——他们都切断了死亡的锁链，从中获得解脱。

——佛陀

并不是探求自由就可以获得自由。探求真理才可以获得自由。自由不是目的，而是结果。

——佚名

无论命运把你投向何方，你的本质、精神和生活都与你同在。而当你信赖自己的存在法则时，你便随时拥有自由与力量。世界上任何外在的幸福或伟大，都不值得你为它破坏你与别人之间精神的一致，或搅乱你与别人的结合而损伤你精神的尊严。

做了这么大的牺牲，你所得的是什么呢？

——奥勒留

※

自由并不能由别人给我们，每个人都只能靠自己来获得自由。

8月2日

死不是破灭

假如人只是属于一种肉体的存在物，那么死就意味着一切的终结。假如人是一种精神性的存在物，肉体只是精神的包容物，那么死只不过是某种变化。

我们的肉体限制着我们称之为灵魂的具备神性的精神本体。如同器皿给它所盛的液体以形状，这个限制也给予精神本体以形状。当器皿毁坏的时候，其中的液体便又失去形状，向外流出。至于这些液体是否与其他物质结合，或又取得新的形状，我们并不清楚；我们确实知道的只是液体已失去在原来器皿中的形状，因为这一向限制着液体的东西毁坏了。以后将如何，我们不得而知。我们的灵魂在肉体死后将变成其他某种东西，但究竟变成什么，我们却无法判断。

——佚名

有人问确信自身不灭的爱默生："那么世界末日的时候将如何？"爱默生回答："为了让自己恒存不灭，我并不特别需要世界。"

——佚名

隐忍服从不但对生是需要的，对死也是需要的。为了进入神的领域，你必须在别人和自己面前都变成孩童；否定自己吧，如此你将与神融合；你越是否定自己，越发接近神，而死也逐渐变成一种安乐。

——佚名

死亡只不过是我们不断发展中的一步，我们的诞生也是这样的一步。所不同的，只是诞生乃是生存的某一形式之死亡，而死是生存的另一形式之诞生。

对于必死的人而言，死是幸福的；死使之不再成为必死之人。我无法像有些人那样带着恐惧来看待这个变化，依我的看法，死是朝向更佳境界的变化，只是迎接死亡之类的话我们亦无须多说。我们该做的是活着这件事；懂得怎么活着的人也懂得怎么死，不是吗？我是喜欢活着的，我们的灵魂绝不告诉我们：我们是必死的人，感觉是会死的，死乃是感觉所制造，具有理性的人值得为必然的死而惴惴不安吗？

——帕克

临终的日子带给我们的不是破灭，而是变化。

——西塞罗

死只不过是让精神（本来是可独立存在的）从安置它并且拘限它的肉体中释放出来。

——佚名

※

对于过着灵性生活的人，死是完全不存在的。

8月3日

善恶的报应

我们所行的善与恶，未必能在一定时间内求得报应；善与恶是在超越时间的领域被完成的。在那个领域，虽然看不到报应的明显痕迹，但毫无疑问的，我们已经在我们的良心里意识到它的存在。

不知耻的、自私的、狡猾的、毁谤人的、胆大包天的、毒辣的人，看起来生活似乎过得蛮安逸的；而不断往纯良之路走的、亲切的、富有智慧的、公平无私的人，过的似乎是非常悲苦的生活。但这都是表面的看法。事实上，前者常为种种事情而心烦，后者的内心则常常是平静的。

——佛陀

即使很小的事，只要是善事，就得奋力而为。但请避开所有的罪恶。因为一件善事将带来其他的善事，一桩罪恶将产生其他的罪恶；德性报以德性，罪恶罚以罪恶。

——《犹太法典》

什么是“罚”？很明显的，它存在于你未尽义务而享受不到任何幸福的意识之中。没有比这更大的罚了。

——佚名

你不用到别处寻找恶因，恶因就在你自己身上。

——卢梭

你为别人而做的事，其实也是为自己而做；因为所有慈悲的行为必跟着善感，所有残酷的行为则伴着恶念。

——露西·马洛丽

行善吧，但不要选择对象。你所做的好事，即使你忘了，它本身却不会消失。

——佚名

播种必会迎来收割，打人的自己必感到疼痛；为别人服务的，别人也将为你服务；如果你能为世人奉献自己的一生，最后的报偿你无论如何是回避不了的。

——爱默生

为恶者本身是痛苦的，战胜罪恶的人则从一切罪恶上将自己净化了。要做一个纯净的人或不净的人，完全在于自己，任何其他人都无法拯救你。

——佛陀

坐华丽的马车，被许多随从围绕的，玩弄立法、司法、财政上惯用的奸诈手腕，并吃着民脂民膏的人们啊，你们以为你们终将会走向哪儿呢？所有的人都会有他们应得的下场的。目前穷困的受难者将逐渐对你们的作为失去耐心，老天也再难忍受你们，于是有一天，所有的道路都将在你们面前断裂，除了堕落再无去路。你们认为人都将无声无息地消逝吗？你们认为世界上没有正义吗？

只有傻瓜才会有这种想法，但聪明的人总会把傻瓜的话推翻，他们总是以智慧证明其空洞。最具统治世界力量的就是正义。

——佚名

※

对于善行，勿求看得到的报酬，善行的报酬已经在行善的同时给了你。同时，你也不能因为看不到恶行的报应，便说无此报应，报应其实早已存在于你心中。如果你把内心的痛苦归于其他原因，那你就错了。

8月 4日

自我否定

所谓自我否定，并不是把自己否定掉，而指的是将自己的“自我”由动物的领域移到精神的领域。

每个人内心都具有人类全体的生活意识，虽然是在人的心灵深处，但确实是存在着的，因此，人迟早必觉醒到这样一个更广大的生活意识。

人否定了小小的个人目的，才得以步入更强而有力的生活，并因此立即获得报偿。

一个人只有否定自己的特殊个性，才能真正活出自己的个性来。在自己的生活中意识到其他所有人的生活，才能了解无穷无尽的生活。

——卡本特

只为自己着想，凡事只求自己的利益者，绝不可能是幸福的。与其为自己而活，不如为别人而活！

——塞内加

人所能知道的最大幸福，存在于自我否定与爱的境地。理性为我们启示到达这种幸福的唯一可能的道路，感情却让我们背道而驰。

——佚名

大多数的人以为，从生活中去除个性，去除对个性的爱，便什么都不剩了；他们认为，没有个性、没有个人的东西，便没有生活。但只有未曾体验过自我否定之喜悦的人才会这么想。从生活中抛弃个性、否定个性吧！这时候你会发现，所留存的竟是人生最真实的东西，换句话说，你将因此而懂得爱。

——佚名

一个人开始“自我否定”的时候，就是他真正生活的开始。

——卡莱尔

当你心中的光消失的时候，你的去路便只有黑暗一片。留意这一片可怕的黑影吧！在你尚未驱走心中一切自私之念时，无论怎样的理性之光都无法让你心中产生的黑影消失。

——婆罗门教经典

只追求个人的幸福，等于是让我们生命中自私的部分继续存在下去；只有否定它，才有可能过人真正该过的生活。

——佚名

人本来是应该少提要求多进行付出的，但现代人并不以为如此。依他们的看法，追求物质享受是极自然的事；普遍的趋势是鼓励消费的，但对于劳动者，则边同情他们，边做有害的利用。

——佚名

※

我们所谓的自我否定，其实就是我们的意识由动物性的“我”转移到精神性的“我”之结果。如果意识的这种变化完成了，变化以前所认为的否定早已不算否定，我们会认为：那只不过是自然而然地远离了不必要的东西而已。

8月 5日

虚伪而有害的思想

虚伪而有害的思想，大部分因别人的暗示或灌输而扩大，而继续存在。

我们的观念很容易倾向于周围一般人的言行标准，对于他们的见解和想法，我们都未能做更深入的探讨或更进一步的发展，我们的性格或生活所以显得无意义，原因就在此。

致使我们历经险恶之境的，并不是让我们堕落的坏人，而是像流水般传达着别人的思想，让我们远离自己内心的没有思想的人。

——佚名

人心是很容易互相受影响的，因此，人只有在独处的时候才可能完全自由。

——佚名

在社会中追随舆论，在独处的时候追随自己的想法——这都是容易的事。但在人群之中仍能保持独处时候的谦恭和独立性的人，才是真正的强者。

——爱默生

人对任何事情都很容易形成习惯，尤其当周围的人都那么做的时候，更是如此。

当我想到曾经多少次牺牲自己的信念，想到自己多么容易屈从于枯竭的制度或习惯时，怎能不感到惭愧？

——爱默生

虚伪的思想和有毒的情绪在人间传播着，这些可以从其外表的光彩和庄严得知。然而真理是不需要任何外在装饰的。

——佚名

※

在社会生活中，绝对无法避免别人的影响，当你要接受流传之物时须特别谨慎。暗示的力量是非常强烈的，因此有德者必须严格对待言与行——这两样东西正是相互影响的媒介。

8月6日

个人以及团体的理性

无论是个人还是全体人类，理性是生活的唯一指导者。

你的眼睛就是身上的灯，你的眼睛若明亮，全身就散发光明；眼睛若昏花，全身就布满黑暗。所以你要时常自我省察，恐怕你里头的光，或者黑暗了。

——《路加福音》11：34～35

当我们观察大多数人的生活时，会觉得人和植物似乎是相同的存在物；两者同样都吸收各种养分而成长，同样在地球上留存种子，然后枯萎而死。在这种情况下，人所达成的存在目的可以说不如其他所有生物所达成的，因为人只是把他卓越的能力用在其他生物都能更确实、更完善达成的目的上；这样的人，比其他所有生物更值得轻视，至少从睿智的眼光看来是如此。是的，假如人不抱着对未来的希望努力向上，只是将自身封锁在现有的力量之中，完全不考虑更合理、更完美的生活，那确实是如此的。

——康德

所有生物都一块儿生活着，但他们同时又是各自生活着，人有只管个人生活的，虫子也有只管个体生活的；所有只管个体生活的生物，认为只有自己才是活着的存在物，并且只为了自己要求生活的一切。但所有这类存在物都随着自己一步步的努力而逐渐走向死亡，而逐渐接近个体的毁灭。

假如这个世界没有理性，这种矛盾是难以解决的。但人却具有理性。理性可以消除这种矛盾。

——佚名

生活看起来虽是肉体方面的作用，但那是遵循着理性法则的。

——佚名

具有理性的人，或者说过着合理生活的人，就如同提着灯远远地照亮自己的前方而行走的人；这样的人，永远不会走到灯光所照的尽头，灯光永远在他前头照耀，引他前进。理性就如同这样的灯。只有过着理性生活的人才能克服死亡，因为那一盏灯将不断照耀到最后一瞬间，接着，也可以和一向走过来的情况一样，平静地跟着灯光，走到生命的彼岸。

——佚名

所有的人都是一部分按照自己的思想，一部分按照别人的思想而生活，而行动。而遵从自己的思想或别人的思想到何种程度，却造成了人与人之间的重大差别。有些人在多数情况下，都把自己的思考用在智力的游戏上，理智只是像空转的轮轴那样转动，至于他们的行动则听从习惯、传统或世俗的规矩。有些人则把自己的思想当作行为的重要原动力，听从的是自己理性的要求，只有偶尔在经过检讨与评估之后，才接受别人的决定。

——佚名

※

每个人都能利用人类社会累积下来的智慧结晶，而且非利用不可。但同时也能检讨别人所完成的一切，而且非检讨不可。

8月 7日

虚荣心的满足

有强烈虚荣心的人渴望受到称赞。但若想受世人赞赏，则必须成为世人所认可的人；世人所认可的人，其实就是他们所称意的人，那么，为博得世人的称赞，岂不是要讨好世人？因此，没有比满足虚荣心更愚蠢的事。

以无须羞耻之事为耻，该以之为羞耻之事反不以为耻的人，所遵循的是虚伪的思想，终将陷入毁灭的邪路。

——佛陀

有强烈虚荣心的人，自己的事就已经把自己填满了，哪还有余地容纳其他事物？

——佚名

“别人怎么做，你就怎么做吧！”这是值得怀疑的教训。它的意思几乎等于教人“你应该做坏事”。

——拉布吕耶尔

甲问乙：“为什么你要做自己所不愿意做的事？”

乙回答：“因为所有的人都那么做。”

甲说：“并不是所有的人。我现在就没那么做，除了我也有其他的人不那么做，虽然是少数，我仍然可以指给你看。”

“即使不算全部，也是大部分啊！”

甲又追问：“请你告诉我，世界上哪一种人比较多，聪明人还是傻瓜？”

“当然是傻瓜。”

“那么，你跟大多数人跑，不是等于跟着傻瓜跑吗？”

——佚名

要让自己实际变成自己所渴慕的样子是不容易的，要让聪明人高估我们则更困难。

——李希登堡

越目光短浅的人越表现得自负。

——波普

无论今昔，沉默者都遭到嘲笑，饶舌的人也遭到嘲笑；话多话少都有人嘲笑——世界上简直没有一个人不遭人非难。但世界上也没有一个人永远不受到称赞，永远遭人斥责。

——佛陀

对人生扮演最佳虚伪指导者的，莫过世俗的意见。

——佚名

人真正的德性绝不是顾虑自己的德性——名声。

——歌德

我们所称赞的人，往往是跟自己类似的人，因此，对别人的尊敬其实指的是把别人与自己同等看待。

——拉布吕耶尔

※

为博得世俗的名声或世人的赞美而费尽心思是非常愚蠢的事，因为世人对于同一件事物的评价往往不同，有些人认为是善的，在另一些人眼里却会变成恶的。

8月 8日

检讨各种思想

被许多人认为是伟大的作家所写的东西，尤其是所谓重要的且意义深远、深刻的东西，大部分情况却构成认识真理的阻碍。神的真理反而出现在儿语中，或者白痴的痴话中，狂人的梦话中，也出现在单纯人所讲的话中或所写的信中。我们却常常致力于在被认为是伟大或神圣的著作中，发现非常脆弱、虚伪的思想。

对我们而言，有不少东西都成为传统的不容置疑的真理。但这完全是因为我们从不对那些东西作认真思考的缘故。

——罗德

对我们灌输古老的而腐朽的法典，并要求我们遵守，就等于强迫我们去住几世纪以前祖先所住的家，去用祖先用过的器具。

——露西·马洛丽

《福音书》之神圣，并不是因为它完成于使徒之手，而是因为它含藏着真理——我们一定要了解这一点。佛陀、穆罕默德，以及其他的人所讲的真理，都和《福音书》中的真理同样重要。

——佚名

对大部分的人而言，宗教是一种习惯。或者毋宁说，习惯就是宗教。也许有人会觉得奇怪，但我却相信想走近道德的完美境界，首先必须把自己从一向熏染我们的宗教中释放出来。无论任何人，都必须如此。

——梭罗

在《圣经》《古兰经》，或《伏波尼沙》（*Upanishad*，《伏陀经》之一部）中所表现的思想，并不是因为它们记载于被认为神圣的作品中，才被视为真理。若有人以为，被视为神圣的经典中所讲的话都是真理，那是对作品的偶像崇拜，这比其他任何偶像崇拜更有害。

——佚名

※

无论是来自哪个人的思想，你都必须对其进行一番检讨。

8月 9日

行为来自思想

人的罪恶大部分不是由恶的意志引起的，而是由人所盲信的错误思想造成的。

事情所表现的具体性后果，都是由某种看不到的力量所产生的；在我们听到枪声以前，子弹早已发射了出去；决定性的事情，乃完成于思想之中。

——爱弥尔

唯独说出口的，才是从心里发出来的，这才污秽人。因为从心里发出来的，有恶念、凶杀、奸淫、苟合、偷盗、妄证、毁谤。

——《马太福音》15：18～19

我们的行为既不如意志那么善良，也不如意志那么邪恶。

——沃维纳格

所有产生恶行的思想远比恶行本身更邪恶；恶行可以悔改不重犯，但邪恶的思想却能产生种种恶行。

——佚名

无形的思想总在不知不觉间从远处悄悄来到；思想总是深深隐藏着的。能克制它并统御它，就能免于它的诱惑。

——佛陀

所有的事情都包含在思想之中；思想是万事的根源。但思想是可以控制的，因此为了走向完美境界，最重要的事情是好好控制思想，好好运用思想。

——佚名

※

假如你遭遇不幸，不要从你的行为中去寻找原因，而要从造成这种行为的思想中去寻找。同样的，若有某种外在事情让你感到悲苦，不要从别人的行为中去寻找原因，而应该从引起那种行为的思想中去寻找。

8月 10日

最重要的时间是现在

有人说，人是不自由的，因为人受时间的限制，他只是按照早已决定了的轨迹而行动，一切皆命运。但事实上，人只有在现在才有所行动，而现在是在时间之外的，现在只是过去与未来两个时间的接触点，因此在现在这一瞬间，人经常是自由的。

有人向圣人请教："人生什么时间最重要，什么人最重要，什么事情最重要？"

圣人回答："最重要的时间是现在，因为只有在现在人才能控制自己；最重要的人是现在和你有关系的人，因为你并不知道以后会跟谁有关系；而人生最重要的事情是与现在跟你有关系的人彼此互爱，因为人是为了与所有的人互爱才到世界上来的。"

——佚名

“今日”指的是什么？今日表现了我们活向未来以及现在活着的永恒性。

——马蒂诺

已经失去的时间无法再取回；已经犯了的罪恶无法去修正。

——罗斯金

对人生最高贵的想法，就是在最平凡的状态中表现最明白的事。

只有经常在自己身边意识到神，并期盼未来生活的人，才能保持家庭的平安与神圣、灵魂的和平以及慈悲之心。

只有相信自己的永恒性，我们才能在所有的瞬间感觉到幸福。

无论多小的义务，只要我们抱着崇高的心灵对待，就不会觉得那些义务是微不足道的。

——马蒂诺

※

只有在现在，我们所具备的神性的本质才能显现出来。尊重现在吧——神就在其中。

8月11日

独自面对心灵深处

如同每一个人都要单独走向死亡，人活着也要单独面对自己内在的灵性生活。也就是说，人在独处的时候才能感觉到真正的自己，才能感觉到生活中所有内在的东西。

当我们遭受不愉快的事，或陷于某种困境的时候，往往因此而有责备别人或命运的倾向。看起来似乎与我们无关的外在事物之不愉快或困难，其实是由于我们自己内心出了差错——我们必须有这样的想法。

——艾皮科蒂塔斯

人是能控制自己的行为的。凡是可以在内心发现的，而且在自己活着的期间必须不断成长的东西，就是最好的东西。

——爱默生

你因行恶而使自己受苦，因此也唯有让自己避开罪恶才能得到人格净化；邪恶与纯洁完全取决于自己，别人是无法拯救你的。

——佛陀

人把感情与肉体认为是自己最重要的东西，因之而不断哀伤着。但人应该晓得自己的内在或本质是在精神之中的。随时保持这种意识，把精神置于肉体之上，透过人生一切外在的泥泞而守护着精神，不要让精神因肉体而受苦，不要让肉体来支配生活，重要的是要走向精神的生活。如此，你就能实现一切的“真”，平静地活在神的力量之中，实现自己存在的意义。

——奥勒留

※

所有人都有深层的内在生活，而其本质是无法传达给别人的；我们常常会想要把它传达给别人，但那不但不可能，而且全无必要。

对于内在生活的本质的欲求就是与神沟通的欲求。让我们建立起这层沟通吧！

8月 12日

十字架的意义

人所背负的十字架，是由大的垂直线与小的水平线构成的——前者表现神的意志，后者表现人的意志。若能把自己的意志导向神的意志，十字架便会消失，是的，十字架上罪恶的苦恼便会全部消失。

从外在的荣誉中去追求幸福的人，就和在沙子上造楼阁的人一样。只有内在生活与神的意志相合的时候才能获得真正的稳固的幸福。

——露西·马洛丽

无论命运是拒绝或是满足我们的欲望，最后结果，我们都是走向破灭。只有遵循神的意志，才能从破灭中得救，一切才会变成幸福。

——爱弥尔

假如你不向别人期待任何东西，也不想从别人那里接受任何东西，那么任何人对于你都不会成为恐怖的存在，就如蜂对蜂，马对马，不可能构成恐怖的对象。但如果你的幸福在别人的掌握中，那么你就必须不断对别人心怀恐惧。

首先我们必须远离所有不属于自己的东西，远离所有自己无法掌控的东西，远离一切附随于肉体的以及肉体所需要的东西，远离对富贵、荣誉、虚饰和名声的依恋。而在这一层意义上，也必须远离自己的孩子、妻子或兄弟。我们必须告诉自己，这一切都不是自己的所有物。

而且，我们不应该以暴力来对付暴力。加诸于我们暴力的人，我们为什么非攻击他、杀害他不可呢？监狱、索链、武器对我们的灵魂是无可如何的；即使我们的肉体可以被拘捕，我们的灵魂却是自由的；没有任何人、任何事情能妨碍我们的灵魂，因此，无论在任何境遇，我们都可以按照自己的意思活着。

究竟我是如何到达这一境界的呢？那是因为我顺从了神的意志，神要我如何，我便如何。

——艾皮科蒂塔斯

奉献给神的灵魂是伟大的。相反的，背叛神、非难神并想修正神的法则，自己制定一套法则的灵魂，是微弱的，堕落的。

——塞内加

让自己与宇宙的法则保持和谐，接受神的意志，以被赐予的生命过宗教的生活；让自己追求光明。严肃对待生命，并心怀喜悦，满足于现在所处的环境。

——佚名

凡经受劳苦、承担重担的人，可以到我这里来，我会使你们得以安息。我的内心柔和谦卑，你们应当负我的轭，学我的样子，这样，你们的内心就必会得享安息。因为我的轭是容易的，我的担子是轻松的。

——《马太福音》11：28～30

※

让自己的意志与神的意志相融合，人能因之免于不幸、获得平安，而且也只有从这一条路，才可能认识神，相信永恒。

8月 13日

真正的智慧

大家想怎么过便怎么过，这只是拥有世俗的智能。即使受到一般人的非难，仍然坚持过理性生活的人，才算得上是拥有真正的智慧。

神因我们的罪恶而愤怒，世俗则因我们的德性而愤怒。

——《犹太法典》

人的理性是神的灯火，它的光能照到一切事物的最深处。

——东方金言

不要在乎有多少人赞美你，重要的是赞美者的素养高低。不受恶劣的人所喜爱，才是值得自豪的。

——塞内加

当我们坐在移动的船上看船上之物时，我们感觉不出船的移动，但当我们看船外之物，例如眺望岸边时，便立刻感觉出船在移动。人生也有与此相同的情形，当所有的人都未走该走的路，未过该过的生活时，不会觉得有何异样，不过当其中有人了解神走在神的路上时，立刻就会意识到其他人原来过的是多么邪恶的生活，其他人便因此而迫害他。

——巴斯噶

人的本性可以从使命与习性两方面来看。从使命方面看，人是伟大的、神奇的；从习性方面看，则人是卑劣的、微不足道的。有人认为，人并不是为崇高的使命才到世界上来的，人的一切情况正好与此相反；但有人却说，人之所以会表现出微不足道的行为，正是由于他远离了自己的使命。

——巴斯噶

※

我们无须因有人对睿智加以毁谤、攻击或压迫而伤心愤怒；假如睿智未能识破世俗丑恶生活的疯狂，睿智就不配被称之为睿智了。而假如人即使看出这种情形，仍然未能改变自己的生活，那么他也不能算是一个健全的人了。

8月 14日

谈暴力

人们对于以暴力来维持世界的外在秩序已经习以为常，因此没有暴力的生活对他们来说，是难以想象的。假如所谓正当的（外在的）生活确实以暴力建立起来了，那么建立这种生活的人一定要知道正义在何处，而且他本身也必须是个正直的人——但事实上，纵使有一部分人如此做了，为什么其他大部分人又不是如此呢？

暴力是武器；愚昧的人以它为武器，强制跟随他的人做违背天性的事（如同强迫水往水平以上流）。但这种武器终将失去作用，同时带来破灭的后果。相反的，对人采取劝导的方式，则如同在河川制造倾斜度，结果是，即使没有我们的注意和力量，河水也自能流。

指引者有两种方法：一种是顺乎人的天性，利用人的判断推理的能力；另一种是违背人的天性，不顾人的判断而强制其活动。前者是现实基础稳固的尝试，经常会带来成功；后者是愚昧的做法，结果常常是失败。当孩子想要玩具而大叫的时候，他是想凭力气取得玩具；而当父母亲打孩子的时候，是想凭力气让孩子学乖；喝醉酒的丈夫打他的妻子，是想凭力气纠正妻子的缺点；处罚罪人是为了凭强制力量改善社会；某人制裁另一个人，是为了想凭个人力量伸张正义；僧侣向听众说明地狱折磨人的恐怖情形，是为了想强迫他们走向天国；一个民族和另一个民族打仗，是想凭武力达到自己所欲达成的状态……这一切都是很可怕的事。从过去一直到现在，以暴力引导人类的方法是愚昧的，其结果往往是归于幻灭和失败。

——孔布

暴力的正义并非真正的正义，显然那只是未引起抗议或叛逆之前的正义，就像暖气、照明，或杠杆尚未发明之前，必须忍受的寒气、黑暗和重量。人的一切思考是为了从恶势力中获得自由，正义的进步就是有组织地不断让强权屈服；只有当人类克服盲目的兽性、克服暴力的跋扈，才有幸福可言。我因此而了解到能给予个人自由，能把人生导向幸福、正义以及睿智的法则，其实只有一个，也就是说，人必须克服填不满的贪欲，才有可能走到理性的大道。

——爱弥尔

施行暴力者绝非正人君子。能辨别现象之真伪，不以暴力而是以法则和正义教导别人，对于人的真诚与理性具有信心者，才可被称为正人君子。

能言善辩者并不一定是富有智慧的人。忍耐力强、不受厌恶与恐惧心理束缚的人，才是真正富有智慧的人。

——佛陀

没有神，也可以强制人，但没有神便无法劝善；没有神，也可以成为暴君，但没有神便无法教育别人成为使徒。

——马克尼

暴力只能产生类似正义的东西，但这种现象却会让人忽略没有暴力也可以过正确的生活。

——佚名

※

人是具有理性的，因此随理性而生活是可解的，将来以自由、以和谐来代替暴力也是自然而不可避免的事，但今日所被行使的一切暴力却耽误了这个时期的来到。

8月 15日

认识自己

对每个人而言，最重要的研究对象是他自己——精神体的自己。

你担心自己因亲切反遭人轻视，但正人君子是绝不会因为你的亲切而轻视你的，至于其他的人，你也不用太过在意；一个技术高明的木匠，无须因未受到外行人的赞美而伤心。

别以为恶劣的人能伤害到你；有谁能伤害到你的灵魂深处呢？你为什么要那么痛苦？

我对那些自以为能伤害到我的人抱着超然的态度。他们并不了解我是怎样的人，不知道我把什么当善，什么当恶；他们无法接触到真正属于我的东西，无法接触到我所赖以生存的唯一的东西——他们甚至不晓得自己无此能力。

——艾皮科蒂塔斯

大部分的人渴望认识神胜于渴望认识自己。让他们了解并培养自己内在里的善吧，这样他们就能认识神；因为认识神除了先认识自己别无他法。

——露西·马洛丽

人如果去向“自然”寻问自己究竟是什么，他是得不到答案的，因为只有他自己能回答此问题；人是必须了解自己的。

——露西·马洛丽

当你想获得力量的时候，应该独处。

——梭罗

对于大部分的人而言，自己的内在世界有如大之于广大的海洋，他们并不打算探索这个世界，但他们迟早会进到这个世界里去，在那里边寻求内在世界所找不到的神的港湾。

——露西·马洛丽

※

人只有通过自己的内在，才能求得在世界上完成真正使命的力量。

8月 16日

万物一体

我们不仅同所有的人具有精神上的联系，同所有的生物也是不可分离地结合成一体。

有人对我说过，每个人内心都潜藏着非常好的品质，如爱，但同时也潜藏着非常坏的东西，如邪恶；因为人生来如此，所以有时候会表现第一种特性，有时候会表现第二种特性。这种说法是完全正确的。

无论是群体还是个人，看到有人陷于苦恼，有时会引起无限同情，但有时却会幸灾乐祸。

以我自己来说，对所有存在物有时候是抱着同情心来看待的，但有时候却完全漠不关心，甚至带着憎恶与怨恨来看待。

这一切证明了我们具有两种不同的甚至正好相反的认知能力。其中之一基本上是带着个人主义、不和谐主义以及排他主义，认为所有存在物跟“我”是陌生的，无缘的，这些存在物完全是“自我”以外的东西，因此我们所感到的只是冷漠、嫉妒、憎恶、怨恨等。

而另一种认知能力，我认为那是由“我”与所有存在物合而为一的意识所产生的认识。若具有这种认知能力，人便会认为所有的存在物与“我”是同样的东西，因此他们的样子会在我们心里引起同情与爱。

前者相互之间都竖起一道墙，让大家彼此隔开；后者则把墙撤走，让大家互相融合在一起。后者教给我们认识所有一切与“我”之不可分，前者则告诉我们自己与其他一切乃是不同的存在物。

——叔本华

所有的人都来自同一根源，而且都必须遵循同一法则，必须走向同一目标，完成同一使命。

因此，我们必须在同一信仰、同一行动目标之下，持同一面旗帜去战斗。

——马志尼

我们该随时努力的并不是去区分自己和别人，而是去探求自己和别人的共同点。

——罗斯金

无论如何，你都无法脱离人类而独立生活；你是在人类中间靠人类也为人类而生活着的；在此，你不能不受精神活动诸条件所约束，因为我们生来就像手、脚、眼睛那样有相互的作用；如果彼此背道而驰，互相怒视，互相憎恨，那是违反自然的行为。

——奥勒留

※

不仅是非洲的黑人，即使是猴子、狗、马、鸟类，我们都不能说他们不是我们的同胞。假如说猴子、狗、马、鸟类与我们无关，那么我们为什么不能说非洲的黑人也与我们无关？如果非洲的黑人与我们无关，那么所有的有色人种也都与我们无关了。那么究竟谁才是我们的同类人呢？关于这个问题，请看撒玛利亚人的箴言：“不要问谁是我们的同类人，你应该做的是认清自己与所有生物的关系，并怜悯他们！”

8月 17日

善是精神的本性

善对于所有的人是多么的重要！具有好性情的人，如果没有善便无任何价值。再严重的罪过都可以因善获得宽恕。

有些善是由于外在的、肉体上的原因——例如继承遗产、良好的经营，成功而自然地产生的。这样的善，对于经验到它的人本身或对于别人，都是非常愉快的。另外还有从内在的、精神上的活动而产生的善，这种善与前者比起来不易吸引人。但第一种善不但过一段时候便会消失，而且有转变为恶的可能，而第二种善则绝不可能消失，反而会不断扩大。

——佚名

如果你一面自以为在行善，一面却怀着敌意，或让别人对自己产生敌意，那么立刻停止你的行为；这表示这种行为没有做的价值。如果你一边工作一边感觉到精神上和肉体上的痛苦，那么停下来，先学习怎样才能不痛苦地工作；凡是不能引起善意的事，以及不值得做的事，都该先有一番考量。

——佚名

行善是一种喜悦，但不是满足；因为善事做得越多，越觉得应该做得更多。

——佚名

别人的善即使表现得如幻影般，我也必须给予尊重；因为从他们非常表面化的行为中，最后也许能产生非常严肃、非常真实的东西。

但我们自己的表面化的无根据的善，则必须毫无保留地洗刷掉，同时也必须将我们内在里因自尊心而掩盖了缺点的遮盖撤走。

——康德

越是不行善的人越是经常空想着些伟大的善事。

——佚名

从人的德性来看，人应该没有行恶的自然倾向，但人有行善的自然倾向却是不容置疑的。

——康德

圣人的心是可以灵活变通的，圣人能适当地运用自己的心对待别人的心；对有德者以德对待，对待罪恶深重者，则视之为不久便能改过自新的人。

——东方金言

人越贤明越善良，越能在别人身上发现善。

——巴斯噶

让人们隐藏着的善觉醒，是人生最重要的工作。

——约翰逊

为了从服务于所有的人以及所有的生物中获得喜悦，我们必须首先训练自己不要对他们行恶，而且不要把自己的生活建立在他们的痛苦之上。

——佚名

※

善是人类精神的本性；假如一个人不是善良的，那他一定是被某种欺瞒、迷幻或情欲所征服了。是这些东西破坏了他的本性。

8月 18日

真正的教义

真正的宗教必能回答最抽象的问题，并且可以用这些答案来解决人生最实际的问题；在每个人心灵中以及人类的社会生活中建立、巩固精神世界的，就是这种宗教。

基督教究竟是什么？我们来听听为数众多的自称基督教徒的人怎么说，他们一定会告诉我们，所谓基督教徒乃意味着与某种教义相联结。但相信这种教义的人，彼此所说的并不一致；有些人说该这么信，有些人则不以为然。由于说法不同，便互相毁谤，互相憎恶，甚至互相迫害，进而走到流血的地步。假如这就是真正的基督教，那么基督怎么可能是救世主，怎么可能是人类所等待的解放者呢？

但基督本身告诉我们的关于他自己的使命，却完全是另一种东西；基督来到世界上是为了给贫困的人带来福音，让他们不再受鄙视，赐予他们该有的东西。更进一步说，基督的使命乃在于治愈因遭受迫害而被摧残的心；在于告诉盲者不久他们就能看见光明，不用担心再度失明（这里所指的光就是统治者乘民众无知，让他们像家畜般强忍一切束缚而被夺去的生存之光）；在于释放身戴镣铐的人；在于以自由取代奴隶制度；在于告诉世人将来有一天正义必能战胜一切，到那时，有权势的人便要惊慌失措，被欺压的人则会皆大欢喜。

但在基督的名下，大家所讲的果真是这些东西吗？基督期待于民众的事情都做到了吗？贫困的人听到福音了吗？破碎的心被治愈了吗？盲者真的重见天日了吗？镣铐都解开了吗？受鄙视的人都获得自由了吗？不，这一切都尚未做到，基督到今日仍在十字架上等待义人的来临。让义人早日来临吧，因为世界已经够堕落了，为了等待美好时日来临的一道曙光出现，而不断凝视东方的眼睛，也已经够疲倦了。

——拉梅内

宗教教言并不是因为那是圣人说的才成为真理，而是因为那是真理圣人才说它。

——莱辛

人的一切不幸是由缺乏宗教而来的。只有宗教能让我们分辨善恶，因此人只有以宗教为根基才能选择自己所要做的事；只有宗教能消除个人主义，只有来自宗教上的要求才能让我们做到不只是为个人而活；宗教能让人免于死的恐惧，宗教能给我们生的意义；只有宗教能确立众生的平等，只有宗教能不受一切外在压力的束缚。

——佚名

※

如果是以实现全人类最单纯最实在的幸福为目标的教义，我们便无不信的道理，而且除此之外便没有其他更可信的真正的教义了。

8月 19日

谈劳动

劳动是肉体生活所不可或缺的必要条件；假如鲁宾逊不劳动，那么他不是冻死就是饿死，这是每个人都应该了解的事。但劳动也是精神生活不可缺少的条件——这虽是不容置疑的事，但每个人却未必了解。

即使是预言者，若懒于肉体劳动，也会失去力量、失去真理——这件事是毋庸置疑的。现代文学或哲学所陷入的错误或罪恶——它们之过于华丽、奢靡、忧郁，我相信是由于文学家或哲学家的生活都养成了一种病态的习惯。其实用不着有那么多人写那么“了不起”的书，我更愿意看到写书的人更有魄力走出现在的生活状态。

——爱默生

自己动手劳动让人更懂得生活。

财富的真正利益只会留在创造它的人手上，不会留给游手好闲不劳而获的人。

每当拿着铁锹在院子里走动的时候，我都会感受到一种悠游自在的喜悦以及充满健康活力的感觉。平时有许多自己可以动手做的事情都交给别人去做了，以至于尝不到这种幸福滋味。而自己动手做事，不仅是满足与健康有关的问题，而是那本身就是教育。

面对园丁、农夫或厨师，我常常觉得很惭愧，因为这些人都能以自己为满足，都具有不需借我的力量也可以生活的能力，但我却总得依赖他们，而失去使用自己手脚的权利。

——爱默生

不劳动的人不该有饭吃。

——佚名

无所事事的人，其实就是在做着坏事。

——佚名

自己什么都不做的人，总是需要很多的恩人。

——佚名

懒人的头正适合恶魔栖居。

——佚名

钓人的恶魔以各种饵引诱人，但对懒人却什么都不用，懒人无饵便上钩。

——佚名

无论你是属于什么阶级，处于何种境遇，都愿你是个爱劳动的人。你应该把劳动当作人不可逃脱的命运。

——佚名

自然本身永不停息地活动着，它对一切不活动者宣告死刑。

——歌德

※

不纯净的活动是可耻的，而德性上最丑陋的状态就是骄纵自己的肉体。

8月 20日

简朴的生活

任何从事真正重要事情的人，私生活都是很单纯的，因为他们没有那么多空闲去为多余的事费心。

过与自然和谐的生活吧，这样你就不会感到不幸。假如你迎合着世俗的想法而生活，那么你绝对无法获得真正的财富。

——塞内加

所有新的欲望是新的缺乏的开始，而且也是新的破灭的开始。

——伏尔泰

在所有的奴隶中，情欲的奴隶是最低劣的奴隶。

——《犹太法典》

所有的欲望虽因获得满足而平静下来，所有的罪恶却因满足而扩大。

——爱弥尔

欲望越多，你就隶属于越多的东西；因为你所要的东西越多，你的自由就越少；没有任何欲求，才可能有完全的自由。

——琐罗亚斯德

享乐、奢侈——你们把这些东西称为幸福。我却认为无所求才是最大的幸福、神的福祉；而清心寡欲的人已经很接近这种幸福了。

——苏格拉底

若想把植物培育得丰饶健康，修剪是必要的。

——琐罗亚斯德

※

简单朴素具有很高的价值；只有过上单纯的生活，所有的人才能不感到缺乏，才能不过依赖人的生活。

8月21日

祈祷的真义

神所需要的并不是我们的祈祷，而是我们纯良的生活。

有效的祈祷是：在你到达至善的刹那，对自己生命意义的最透彻了解在自己的意识中复活。

——佚名

如果有人认为祈祷是借内心里一定形式的对神的礼拜，以获得神恩，那他完全是带着迷信的谬见的。因为那不外乎是对无需任何证言的存在物（神）陈述带着申辩意味的愿望，这样的祈祷并不能实现任何我们该尽的义务，因此在本质上是谈不上对神的任何奉献的。

心里的愿望必须全部借着对神的奉献行为来表达。换言之，那必须是我们的全部行为奉献于神的一种愿望——此中才有心灵的祈祷，我们所该有的就是这种真正的祈祷，这是我们可以做到的。如果这种愿望的外面包装上言语或形态（即使是内在的），那也只不过为了在自己内心引起这种感觉；那也仅仅是具有这样的价值。

——康德

人在祈祷之前必须先有相当于其所祈祷的意义或目的的行为。即使祈祷之前没有善行（先有恶行是另当别论），人在祈祷之前也必须先悔改罪过，如此方才有可能获得勇气出现在神面前。

人如果以经常毁谤人或诅咒人的嘴巴向神祈祷，那就等于送给神一盒脏东西，因此人必须先让自己的口舌干净。如果口舌犯了罪，则非彻底悔改不可。

——《犹太法典》

当你在祭坛上献礼物的时候，若想起弟兄对你心怀怨恨，就把礼物留在坛前，先去同弟兄和好，再回来献礼物。

——《马太福音》5：23～24

我们有时会像小孩那样，想找个对象（神）倾诉内心的话，祈求帮助。但这种感情好不好呢？并不能算是好的，这是软弱和缺乏信念的表示。有话要对神说，有愿望要向神祈求，看来似乎因为具有信仰才这么做，其实并不然；对神有所祈求，表示你仍缺乏信仰。这时候你仍未完全相信下面一些事情：世界如何，神自有安排，你无须对神祈求什么的；若有何不妥当、不顺利的事情发生，只是告诉你，你在某些地方必须有所改正；凡事都有其道理，而任何时候你必须做的是只有你非做不可的事。

——佚名

你们在祷告时，不可像外邦人那样，使用许多重复的话；他们以为话多了必蒙垂听。你们不可效法他们；因为在你们发出祈求之前，你们所需用的，神早已知道了。

——《马太福音》6：7～8

一小时真正严肃的思索比一星期未伴随良好行为的礼拜更尊贵。

——哈里森

※

任何时候都可以祈祷。最被需要但也最困难的祈祷，是在日常生活中想起自己对神及对神的法则之义务。每当恐惧、愤怒、困惑、迷乱的时候，你必须反省自己究竟是什么，究竟该做些什么——这才是真正的祈祷；这些一开始做起来也许是困难的，但养成习惯后便不再困难了。

8月22日

学问的目的

我们常听人说：人的生命是种种物质上的能所产生的，而且人的生命依存于这些能——这是有害的想法。但这种虚伪的思想被称为科学，并且当这种虚伪的思想被当作神圣的知识传授给人类的时候，由这种学说产生的毒害便更加可怕。

没有比现代科学家对宗教、道德、人生所抱的观念更混乱的了。现代科学在探究“物质世界的秩序”这个领域，虽然获得了极大成就，但这对于人类的生活本身不但不必要，甚至会带来有害的结果。这种现象实在令人忧心。

——佚名

目前印刷出版的书籍，虽然数目极为可观，但事实上这些书籍是否能带给读者美好的收获呢？保险公司的增加是否能减少自然灾祸呢？我们是否应以现代纤细的神经代替伟大的精神力量？我们善于为我们的信念下定义，但是否与之对应以行为实现了呢？斯多噶学派之中可以说全部都是斯多噶学派的人，但自称是基督教徒的人全部都是真正的基督教徒吗？

——爱默生

一个人未花费多少工夫便迅速收集到了许多知识，并不是好现象。

这样的知识只是认知的青藤全部长成后充当肥料的叶子，却不结果实。

我常常会碰到一些人，他们知道的事情之多甚为惊人，但那全部都只是表面的知识。人由自己花工夫所得到的东西则会在他的脑中留下永不磨灭的痕迹，而且无论在任何环境，他都能凭此判断自己该走的路。

——李希登堡

不要把学问当作为装饰目的而戴的皇冠，也不要把它当作维生用的斧头。

——《犹太法典》

与其致力于让子孙把祖先所做的坏事当成好事，倒不如去努力根除我们目前所存在的恶要好得多；如果要像菲利普或亚历山大那样因为给许多国家带来不幸而出名，要像他们发动洪水般卷去许多国家，制造火灾般烧死无数生物的野蛮侵略行为，倒不如去迎合和赞美自然的秩序要好得多。

——塞内加

假如知识以获得外在利益（如文凭）为目的，则这样的知识并不是真正的知识。只有以内在需求为出发点所获取的知识才对自己和他人有益处。

——佚名

目前，科学扮演着给懒人发执照的角色。

——佚名

※

学问的真正目的，在于探求为人类带来幸福的真理，但目前学问却以自圆其说为目的，而其自欺欺人的后果则是为人类带来诸多不幸，例如法律学、政治学、经济学，尤其是神学都带有这种错误的目的。

8月23日

行善者必爱真理

假如人具有完美的德性，他就绝不可能越出真理的道路。

光来到世间，世人因自己的行为是恶的，不爱光，倒爱黑暗，定他们的罪因就在于此。凡作恶的便痛恨光，不走向光，因为他恐怕自己的行为受到责备。但践行真理的人会走向光，因为他要证明自己是信仰着神而活的。

——《约翰福音》3：19～1

无论是富贵的人还是贫贱的人，有学问的人还是没学问的人，我们都不要怕；我们要尊重所有的人，爱所有的人，但不要怕任何人。听凭理性为你展开的真理，始终保持你的信念，无须等待群众的共鸣；拥护真理的声音越小，它本身的声音就越响亮。我们要相信，真理比迷妄、偏见、恐惧、热情更有力，并随时准备受苦受难。我们要晓得，真理并非仅出现于某一地点或某一时刻，它是永恒不变的，是放诸四海皆准的，是与神同体的，是具有和神一样的力量的。

——柴宁

从思索中去探求真理吧，不要在发霉的书本中去寻求。想看月亮的时候，仰望天空，不要俯视水池。

——波斯谚语

与你合而为一的至高精神能透视你所行的一切善恶。

——佚名

真理并不是从人与人彼此的闲聊或问答中所能认识的，只有靠勤劳与省察才能认识到它。

——罗斯金

※

只有行恶的人才会认为真理是有害之物；行善的人一定是热爱真理的人。

8月24日

走向完美

人类总是不断地朝着和谐、幸福的理想境界迈进，虽然速度是缓慢的。

无论是个人还是全人类，都必须从较低的状态往较高的状态变化移动；其成长的脚步永不停歇，而最后必到达神的境界；所有的状态都是先于它而存在的状态之结果；人虽然在不断成长，却是不着痕迹的，其情况正如胚芽的成长；也没有任何东西能破坏其连锁般不断发展的状态。但假如个人或全人类都不可避免地必须如基督的成长一般成长，那么其成长过程都非要通过困难与苦恼不可。

在伟大成就之前，在进入光明世界之前，必须在黑暗中摸索，必须忍受迫害。为了拯救灵魂，必须抛开肉体；为了复活后享受更强有力、更完美的生，必须死于十字架上——这是基督以他的言行教给我们的。经过十八个世纪，人类的成长多了一环，现在仍在继续变化和改进。旧制度，旧社会，以及构成旧世界的一切东西崩溃了。而今大家生活在恐怖与苦恼的废墟中。你们必定为这样的现象而苦恼着，不妨鼓起勇气，所有已经过去的东西只不过像穿旧了的衣服，穿它的实体本身是不死的；所有凋落的东西只不过像秋天的落叶，但秋、冬过去，我们又将闻到春日生命的气息；目前我们虽陷于黑暗的墓场，但这是基督在三天后复活的墓场啊！

——拉梅内

神的话并未完全被说清楚，神的思想对我们并未有充分的启示，万能的神在永恒的时间之流必创造更多的东西，但这却不是我们的头脑所能完全了解的。过去的时代只不过表现了神所创造的片断，而我们的使命尚未终了，我们对其根源不很清楚，对其终极目的更完全不了解；时间、知识以及各种发现，只不过扩展了我们使命的境界；随着时间的经过，我们的使命也不断迫使我们探求我们所未充分了解的法则，进而走到原来不可预知的境界。

——马志尼

常加快速度，常向前迈进；勿停步，勿后退，勿走入歧途。停步便无进展，而不前进就会倒退，人一混乱便易走入歧途。

如果想更上一层楼，就不要以现在的自己为满足，因为人是很容易停步不前的；如果你以现在的自己为满足，便等于宣告自己的毁灭。

——奥古斯丁

爱你该做的事，但不要再去爱你已经做过的事！

——马可夫斯基

每个人的生活都是灵魂与肉体的不断斗争，而在斗争中胜利的往往是灵魂。但每次的胜利都不是最后的胜利，斗争是要永远继续下去的；这种斗争本身，构成了人的本质。

——佚名

人的内心里不断有理性与情欲之争。假如人没有情欲只有理性，或没有理性只有情欲，就能获得某种程度的平安。但因为人具有这两种相反的东西，斗争便无法避免；既然有这两者的互争，人当然无法处于和平之中，人便经常处于自我分裂与自我矛盾之中。

——巴斯噶

※

人的世界总是不断地往完美境界前进。走向完美的意识对人而言是非常可喜的，而当人意识到自己也正参与到努力的行列中时，则更为可喜。

8月 25日

真正的幸福

人生是一种行进，因此人生的幸福并不在某种“状态”，而在行进的某个“方向”。

给人幸福的方向指的是走出“自己”去完成至高法则的方向。

对于幸福，有些人从权力中去追求，有些人从学问中去追求，更有些人从淫荡中去追求。但真正接近幸福的人都了解，幸福并非只有少数特定几个人才能拥有，而是所有人类无论何时都能拥有的；他们知道，只要自己不想失去它，它便绝无失去的可能。

——巴斯噶

当人将心灵向崇高的德性展开的时候，将体验到一种特殊的不可言喻的甜美情怀；这时候，他会察觉到远比自己更为崇高的东西，他会感觉到自己的本质乃属于无限，即使现在处于多么低微的状态，他依然能感觉到自己活着是为了走向至善；现在，他认为高远的东西其实已经为他所拥有，虽然也许他自己不觉得，这时候的他当然也了解“人必须做他该做的事”这句话的意义。

——爱默生

荣誉是只为个人打算的状态，幸福则是为自己也为别人打算的状态；荣誉可以凭斗争得到，幸福则只有靠爱才能得到。

——佚名

现实世界的幸福仅属于少数人，但真正的幸福与善则应该属于所有的人。因此，正确的人生目的必须是追求与别人的幸福和谐一致的善；人的行为若能以达到此目的为方向，则他也能获得幸福。

——奥勒留

※

人所做的和所经验的事情越是接近真正的幸福，他想让别人分享这种幸福的愿望就越实在。

只爱自己是一种幻想。

8月 26日

谈正义

正义常常是作为衡量行为的尺度。但美好生活的目的并非只有正义，除了正义还有其他东西。

若想射中目标，就有往更远处瞄准的必要。同样的，为了求得正义，就有自我否定的必要，也就是说必须严厉对待自己；人常常因为偏爱自己而造成对别人的不公平。

——佚名

绝对的正义与绝对的真理都是人所不易达到的。但具有正义的人（君子）因其想实行正义的意志与想达到正义的愿望而与不义的人（小人）有所区别；真诚的人因其对真理的渴望以及对真理的信念而与虚伪的人有所区别。

——佚名

有比不义更坏的东西，就是虚伪的道德、虚伪的爱，以及对神的虚伪的奉献——这样的人，在假基督教徒的世界里常常可以看得到。他们幻想自己正在履行爱的法则，或表面上装成如此，事实上却无视正义的要求，甚至所做的是自我满足的恶行。在这种情况下，即使他们看起来似乎在为教会或贫苦的人奉献自己，做慈善事业，但事实上，他们的给予是以同胞的血泪为代价的。

——佚名

从某方面看，我们的许多问题是可以靠正义来裁判的，但事实上，人生的种种问题有种种不同的解决方法。

——佚名

※

没有所谓绝对的正义，不要认为自己已经十全十美，你只是在不断走向完美。

为了不因违背正义而犯罪，唯一的方法是认清自己仍在未完成正义使命的状态。

8月 27日

人生的喜悦

动物、小孩和圣人，同样都会拥有生活的喜悦。动物拥有这种喜悦，是因为它们没有理性，它们不会因为理性搞错方向，进而被剥夺这种喜悦；小孩拥有这种喜悦，是因为理性尚未走入歧途；而圣人拥有这种喜悦，则是因为生活能给予他们所想要的东西——亦即给予他们满足以及接近神的可能性。

当我们在喜悦中回忆起过去的悲哀时，悲哀也往往不再叫人难过了。这样看来，让我们受苦的便只有未来和现在的悲哀。然而现在的人们却过分重视自我满足，不断致力于获得自我满足，对预期的享乐信心十足，以至于悲哀的事已临头上却仍未能察觉。

——李希登堡

想要不断地保持愉快的心情，有个重要的秘诀，那就是不因微不足道的事情而烦恼，无论是多小的义务皆能履行，由此获得心灵的满足。

——斯迈尔斯

不要刻意去寻求满足，但你必须随时准备在一切事物中去发现满足；尽管你的双手不自由，你的心灵仍是自由的；即使是最微小的事，也可能带给你满足；在你接触到的任何事情中，都可能发现到趣味与欣喜。但当你以满足为人生的目的时，即使是最杰出的喜剧，也无法叫你开怀大笑。

——罗斯金

不以憎恨对待憎恨是多么令人幸福的事！即使在充满憎恨的世界，亦能泰然处之，亦是多么令人幸福的事！

身在充满贪欲的世界而不当贪欲的奴隶是多么令人幸福的事！走出让人苦恼的贪欲世界吧！

不把任何东西视为己有是多么令人幸福的事！这时候，我们就如同神一般散发着神圣的光辉。

——佛陀

你们来听一个比喻：有一位家主，栽了个葡萄园，周围圈上了篱笆，里面挖了一个压酒池，盖了一座楼，租给园户，就往外国去了。收果子的时间近了，就打发仆人到园户那里去收果子。园户捉住仆人，打了一个，杀了一个，用石头打死了一个。主人又打发别的仆人去，比先前更多；园户照样恶待他们。后来主人打发他的儿子到园户那里去，意思说，“他们必尊敬我的儿子。”不料，园户看见他儿子，就彼此说，“这是继承产业的”“来吧，我们杀死他，占领他的产业”。他们就拿住他，推出葡萄园外，杀了。园主来的时候，要怎样处置这些园户呢？教徒对耶稣说，要下毒手消灭那些恶人，将葡萄园另租给按时交果子的园户。

——《马太福音》21：33～41

人们被赐予的庭院并不是他们自己造的；为了获得生活的喜悦，他们必须保持庭院的原状，履行接受庭院时的条件，但他们不但没有这么做，还说恶劣的不是自己而是庭院的主人。

——佚名

你不是正在寻求天国，想到没有苦难和憎恶的地方去吗？释放你的心吧，让它变得纯净无垢！这样，你所渴望的天国便会立刻出现你眼前。

——佚名

※

假如人生对你而言并非一种巨大喜悦，那只是因为你的理性走错了方向。

8月 28日

信仰决定人生

宗教的认识是其他一切认识的基础；它是在其他一切认识之先，因此我们无法为它下定义。

为了解众生皆平等，也为了解把自己的生活奉献给别人胜于强迫别人顺从我们，我们必须决定自己对世界所持的态度；而能让我们决定这种态度的，只有宗教。

——佚名

想在宗教之外建立起道德的基础，就和小孩子想种他所喜爱的花时，把他不喜欢的或是他认为多余的根掐掉后插进泥土中的情形一样。没有宗教便无法建立真正的没有矛盾的道德，如同任何植物没有根便无法生长。

——佚名

一个人若没有宗教信仰，不具备自己与世界该有的关联（即使未能明显自觉到），那么就如同不具备心脏器官，这种情况是不可能存在的。

——佚名

信仰有两种：一种是相信大家所说的话——这是对人的信仰，这种信仰以各种不同的面貌出现；另一种是相信自己依存于将自己遣送到世上来的神，这是对神的信仰，这是所有人唯一共同的信仰。

——佚名

信仰是人类精神所固有的特质。

人总是信仰着某种事物；对人而言，信仰是不可避免的，因为人可以感悟到除了自己所知道的对象之外，还有自己所未知的东西存在，而人也一定能进入到属于它的特有状态中；信仰就是人对不可知事物的认知态度。

——佚名

人既能常常感觉到未知事物的伟大与重要性，亦能时时感觉到已知事物的无意义。

——佚名

人的“宗教”并非因人有种种怀疑，并且想努力求得信仰之类的复杂因素而成立。宗教是由极单纯的因素产生的，这样的信仰是自然而毫不费力的。

——卡莱尔

没有信仰的人不可能有真实的生活。

人在世界上所完成的伟大事情全部都是由信仰产生的。

——佚名

※

对于一切事物，我们特别需要拿信仰的尺度来丈量一番。我们必须避开违背信仰的东西，全心面向与信仰互相一致的事物。

8月 29日

四海一家

如果人在自己的心灵中认识到神并且感觉到神，他便能认识到并且感觉到自己和世界上所有的人是互相结合在一起的。

所有的人都属于同一个家族、同一个根源、同一个自然；所有的人都来自同一道光，而且都以同一个核心、同一种幸福为目标。这一个伟大的真理——而且是存在于所有宗教中的，对我们而言是最伟大的真理——不但可以凭理性承认，而且它实在是我们天性中最深的本能。

——柴宁

一个人能尊敬更崇高的东西，傲慢便从他心中消失，就如磷光因阳光的照射而消失一般。心中纯净、不存一丝傲慢的人，亲切、单纯、朴实、把所有人当朋友看待的人，对别人的心和自己的心同样珍惜的人，对所有人都能以慈爱对待的人，愿意行善、抛弃虚荣的人——这样的人，神就在他心中。

——普拉纳

在你心中，在我心中，在其他所有人心中，都有生命之神存在。你因不能忍受我对你的接近而发怒是不合理的。你应该晓得，我们所有的人皆生来平等，因此无论你的地位多高，你都不应该是傲慢的。

——印度经典

在精神世界里是找不到自然界起源之痕迹的；精神世界里没有任何可以在自然界组织、产生、形成的分子；在精神世界中也没有水、空气、火这类东西，至少水、空气、火这些要素是不具备记忆、理解、思考、保持过去、洞察未来、把握现在等能力的，这些能力的特质皆属于神所有，你绝对无法指出神以外的其他根源。（而有一种要素有别于现象界的要素，很明显的，那就是精神元素。）因此，会感觉、思想、生活、行动的人类，一定具有属于神的根源，也一定具有永恒性；神不可能是必死之物，神是自由的精神；人的精神与神是相通的。

——西塞罗

有一种伟大的思想占据着我的心，那就是自我察觉到心之伟大，自我察觉到心与神之合而为一。但这种自我察觉绝非来自于我对神的盲目服从，而是来自于我的心接受神的能力、走向善的能力、奔向伟大的使命感，以及它的永恒性。

——爱弥尔

在你自己内心就有善的泉源，无论你怎么汲取，都没有干涸的一天。

——奥勒留

人的心灵是能映现神之大智的一面镜子。

——罗斯金

人越坚守正义，越接近神；神的丰饶、不灭、伟大，都与正义一起进到我们的内心世界。

——爱默生

※

所有的人本应亲近如手足的，因为他们都来自同一根源。因此不爱身边的人反而是不自然的事。

8月 30日

有强大力量在世界运作

人人都晓得，过和谐的、善的生活便是人的理想，但人们并未能实现这个理想。

基督预言过道德基础已经动摇了的旧社会之末日。基督也向弟子们预言，当末日降临时，人们所制造的物质祭坛将被毁坏，人们将建立起基础较稳固的祭坛以取而代之。他还附带预言过后世所将发生的种种事情，他认为，后世的人也会和他同时代的人一样，因相同的现象而想象世界的末日。

我们现在就是处于基督所预言的时代。世界从此端到彼端所有的根基都动摇了，作为民众社会生活基础的一切制度、一切组织不再是稳固的，大家都预感到一切东西将急速崩溃，连神殿的祭坛也将被破坏无遗。但如同耶路撒冷以及其神殿之破坏，是为了准备让各国人民合力建设新的城市和新的神殿，今日应该也会从许多神殿与城市的废墟中，建成背负着世界共同使命的神殿与作为全人类故乡的城市。

目前，大家互相疏离，互相敌对，把兄弟看成外人，在彼此之间撒下憎恨与战争的种子。等到将来有一天大家找到共同的根源，建立起共同的祭坛，建立起大家庭似的城市，也就是大家在爱的法则之中合而为一的时候。而假如在一片明净的世界来临之前必有一段痛苦的过程则将如何？不要怕“鞭打”，不要怕善与恶之交战，目前你的义务就是战斗！但在这个充满狂乱与傲慢的时代，应该留意假基督教徒与假先知；基督并不在远离民众的荒野，基督也绝非只存在于隐蔽的地方或某些阶级之中；认为自己与别人有别、只有自己能得救的人，是早已否定了基督的人；基督却破除了这种区别，他对着能爱神以及爱邻人如爱己的人保证永恒的和平与喜悦；有爱的地方就有基督，不要到其他地方去寻找他。

——拉梅内

住在山上的人比住在山下的人较早看到日出；居于精神顶端的人比受低劣物质主义所约束的人较早看到神的出现。但太阳不久就会升高，大家都能看到它的时间不久就会来到。

——世界先进思想

常常有人发现为别人而死倒不是很难的事，我们是否能希望有一天大家都发现为别人而活才是容易的事？为此所需要的是随时准备为别人奉献自己；为了将殉道者以死来表现的牺牲与奉献精神拿到生活中来，唯一需要的是心灵的提升与澄清。

——布朗

有一种强大的力量在世界上运作，谁也没办法阻止它；对宗教的新认识，对人真正的尊重，以及四海皆兄弟的情怀，就是这股力量的证据；这是我所看到并感觉到的；在它之前的一切苦恼都会消失。当这股精神静静贯穿整个世界，以和平代替不断的战争，当欲望无穷、难以克服的自私心把位置让给这股自然力量的时候，“世界和平，人人幸福”就不再是一句空话了。

——柴宁

我无法想象这世界由亲切的人来继承的幸福日子，但这样的日子终将会来临；贫苦的人所盼望的终会实现。在审判之日被神喊出来教以神之道的，不应该是有权势的人，而应该是心地善良的人。

——罗斯金

※

随着更高远理想的出现，过去的理想便如同日出之前的星星般，消失其光辉。但如同人无法拒绝太阳，人也无法不承认这个高远的理想。

8月 31日

虚伪的艺术

为批评家所赞美的假艺术作品是假艺术家群可以立即上位的门。

说起来也许是骇人听闻的，但事实上现代艺术有一种倾向：就像出卖女性最美的使命——作为母亲的使命，买到低级快乐的女人。

现代的艺术是娼妇，这样的比喻连最细微处都是正确的；现代艺术和娼妇一样，总是把自己打扮得非常妖艳，随时准备出卖自己、诱惑人、毒害人，随时等待着嫖客。

真正的艺术作品如母亲的怀孕，是偶尔能出现于艺术家灵魂中的东西，是原来所过生活的果实。

虚假艺术只要有顾客就会让工匠继续生产。

真正的艺术如同与丈夫有深厚感情的妻子，并不需要粉饰打扮；假的艺术则如同娼妇一般，需要浓妆艳抹。

真正的艺术，其动机是表现已然酝酿成熟的情怀，那是一种内在的要求，就像母亲怀孕的原因是爱一样。

假的艺术的动机是利欲，就像娼妇一样。

真的艺术的结果是为人生导入新情感，如同妻子的爱情结果为人生带来新生命。假的艺术的结果是堕落，满足无底的私欲，削弱人的精神。

为挣脱向我们冲撞而来的邪恶、淫荡的现代艺术之浊流，我们必须好好了解以上诸事。

——佚名

现代的科学家或艺术家，并未完成也无法完成自己的使命，因为他们把自己的义务看成权利了。

——佚名

现代的“纤细”艺术只能流行于民众的寄生阶级，而且只有寄生阶级存在，它才有继续存在和发展的可能。

——佚名

想以艺术来赚取生活费的一切尝试，是人所选择的最坏、最有害的道路之一。无论任何时代，都只有极少数的人所说的话值得听，所写的作品值得注意；这些少数人是站在现实问题之外来写、唱和画的；他们就像传说中的天龙一样，不歌唱宁可饿死。而你即使不想倾听他们的声音，也一定会为慈悲心所驱迫而送面包以维持他们的生活。为赚取生活费而想写、想画的人虽然认为自己是比普通乞丐更为高贵、更为幸福的人，但在本质上他们只是嚣张的、有害的乞丐。我曾经送钱给做工的流浪者，但对于吹奏噪音的人、画无聊画的人、以谎言诱惑女孩子的人、以污秽的读物让千万民众颓废的人，我是绝不会为他们出钱的。没有能力以正当劳动赚取面包的人，不如闭起嘴巴，默默在街头伸出没用的双手，大家或许还会因看着可怜而给予施舍。

——罗斯金

不要出卖自己的才能；你出卖才能的时候就等于亵渎神圣、犯了淫乱罪；你可以出卖劳力，但不可以出卖灵魂。

——佚名

※

若不将商人驱逐，艺术的殿堂就不能称之为殿堂。未来的艺术应该是不容许商人存在的。

9月

September

9月1日

烟　酒

当我们背离人生法则的时候，理性会帮我们指出这件事。但背离人生法则对人而言是非常容易而且会养成习惯的，因此人便应该努力压制不理性的声音，避免自己陷于混乱。

在枪林弹雨中因有警备掩护而无所事事的士兵，为了麻痹临危的恐惧感，必须拼命找些事做。一般人有时候也跟这些士兵一样，热衷于名誉、纸牌、法律、女人、竞技、赛马、狩猎、酒、政治等，用各种方式来麻痹自己，以逃避生命的险恶。

——佚名

假如人们不再以烟、酒、鸦片来麻痹自己，这个世界将会变得难以想象的幸福。

——佚名

据说，有些宗派的信徒，为了耽于淫乱，在狂欢之后把光明之灯熄掉；在我们的社会中，人们也为了不断耽于淫乱而以烟、酒、吗啡等来熄灭理性之光。

——佚名

要改善现代人的生活，最重要的事就是让所有的人不再受到各种恶的诱惑。但事实上，大家却继续拿烟、酒来自我陶醉。

——佚名

以某种东西来麻醉自己或许还不能算是罪恶，但那已经为犯罪铺了路。

——佚名

※

也许你会说，喝不喝酒、抽不抽烟并不是什么了不得的事。但当你发现由于自己抽烟、喝酒，有人效法，进而带来毒害，那么你必须立马戒烟、戒酒这件事就变得相当严肃了。

9月 2日

褊狭与宽容

人越是接近真理，越能包容别人。

只有缺乏信仰的人才会是褊狭的、不容人的；换句话说，他们之所以心地狭窄，是因为他们不了解也无法了解真正的信仰并不依存于人的意志，他们不相信人生的精神基础，认为信仰就是自己树立的外在形式。正因为如此，才不断有如下的情况发生：从折磨基督的法利赛人到今日的统治者，有坚定信仰的人往往受到无信仰者的迫害和放逐，但结果往往是他们的信仰不但未被削弱，反而更加巩固。

——佚名

神借助良心与理性的力量把信仰引入人的心灵。凭暴力或威胁是绝对无法做到这一点的；凭暴力或威胁引入人心的不是信仰而是恐惧。我们无须责备无信仰的人或执迷不悟的人，因为即使不受到斥责，但他们由于自己的执迷本身就已经十分不幸了。他们只有在居然因此而得利的情况下才应该受到责备，否则徒然的责备只会增加他们的不快之念，反而对他们有害。

——巴斯噶

有一件我们一定要了解的不容置疑的事情，那就是：假如我们怀着善心想完成和平的、美好的事情，却一直未实现，那是由于时机尚未成熟的缘故。

——佚名

信仰和爱一样，是无法以强制方式唤起的。因此试图借助国家设施来引导信仰或维持信仰是冒险的事业；如同强求爱反而引起憎恶，强求信仰反而走向无信仰一样。

——马蒂诺

※

真正的信仰并不需要强权的拥护、外在的形式或外来的支持，也不需要为普及它而烦恼（神具有无限的时间，对神而言，一千年和一年是相同的）。若有人想以权力或外在的优越条件来支持自己的信仰，或急着传播自己的信仰，那么他不是个信仰薄弱的人，就是完全不心存信仰的人。

9月 3日

神不是知性所能了解的

神是我们的头脑所难以了解的，但我们也难以否认它的存在。

以前我看人生诸现象并不考虑它们从哪里来，为何我的眼睛能看见它们。

而当我开始考虑一切事物的根源时，我认为一切来自智慧之光，我因为将一切归到同一根源而高兴。只有智慧才是一切事物的根源——我完全满足于这种想法。

但后来我发现，智慧是通过某种毛玻璃照到我们这里来的光。光我是看到了，但给予我们光的东西我并不认得，虽然我知道它是存在的。

这个映照智慧之光的根源，这个并不为我所了解，只是让我知道其存在的东西，就是神。

——佚名

我们只需要信神，为神奉献自己，不必要试图去探究神的本质——这样的尝试是白费力气的，只会将自己弄得筋疲力尽。

我们甚至不用费心于试图知道神是否存在，重要的是我们要认定神存在，而且无所不在地为之奉献自己。

——菲利门

我们对于神的存在并不是靠理智来了解，而是靠自己完全从属于神的意识来感知；我们是在神之中意识到自己的，这份情怀就和婴儿在母亲怀中所经验到的情况一样。

婴儿并不晓得谁守护他，温暖他，养育他，但他就是知道有那样一个人存在。而且所知道的虽然仅限于此，他却爱着自己所托付的人。

——达古

※

不要因为无法彻底了解神而困惑；越想对神做出解释，越脱离真理，神也因而不再是可依靠的支柱。

9月4日

努力是目的不是手段

崇高的德性或者真正的幸福并不是一蹴可成的，是靠不断的努力才能达到的。

我们进入学校，虽然学到了怎么读、怎么写，但并未学到是否需要给朋友写信之类的事情。同样的，音乐老师虽然教我们唱歌、弹奏乐器或配合乐器跳舞，但并未教给我们该在什么时候唱、什么时候弹奏、什么时候跳。

只有理性能指示我们事情该不该做。

当神把理性赋予我们的时候，也就等于把对我们最重要的东西，以及我们所能驾驭的东西交给了我们。

下面一段话似乎是神创造了现在的我之后对我说的："艾皮科蒂塔斯啊，我本来也可以把远比微不足道的肉体与命运更大、更好的东西给你的。但请不要责备我没那么做。我并不想给你为所欲为的完全的自由，可是我却愿意把我的一部分给了你；我给了你向善避恶的能力，给了你自由的理性；假如你能对你所经验的一切事情注入理性，能走在我为你决定的路上，就不会有任何障碍，你对命运就没有什么好悲叹的，你也不会再毁谤人或欺骗人。对于我所给的东西，不要觉得不满足，一辈子带着理性过和平喜悦的生活还不够吗？你不是该以此为满足吗？”

——艾皮科蒂塔斯

商汤的盥洗盘上刻着如下的话：“真正每天更新自己吧！每天更新，再更新！”

（原文：汤之盘铭曰：“苟日新，日日新，又日新。”）

——《大学》

君子的德性让人想起走远路、登高峰；到达远处必从最初的一步开始，登上高峰必从山麓爬起。

（原文：君子之道，辟如行远，必自迩；辟如登高，必自卑。）

——孔子

为了将一件事做得正确、做得好，必须知道做的方法——这是任何人都了解的。而想活得正确、活得好，也同样必须先知道该怎么生活。

——艾皮科蒂塔斯

真正的德性是不可以在身后的影子——荣誉中找到的。

——歌德

一个人若说得出自己已经完成了自己该做的事，对自己的工作已经尽心尽力努力到最后一刻，他便是幸福的。若非如此，则他在工作之后是不会感觉到轻松和愉快的。

——爱默生

※

当我们努力向善的时候，不要期待迅速成功，也不要期待亲眼见证自己的成功。我们是看不到自己努力的成果的，因为当我们向前迈进的时候，我们作为目标的理想也会一直往前推进；努力不是手段，努力本身就是目的，在努力本身之中就有报酬。

9月 5日

处罚与宽恕

俄语中的“罚”含有“教”的意思。只有拿出范例来，才有可能发挥教的作用；若以恶报恶，则不是教，反而会使对方走上毁灭之途。

那时彼得进前来，对耶稣说：“主啊，我弟兄得罪我，我当饶恕他几次呢？到七次可以吗？”耶稣说：“我对你说，不是到七次，而是到七十个七次。”

——《马太福音》18：21～22

纵使神容许人有处罚他人的权利，但谁又真正有资格接受这个权利呢？只有那些不了解自己的罪恶，也不知道自己有罪的人，才自以为有资格拥有这种权利。

——佚名

学者和法利赛人带着一个行淫时被捉拿的妇人来，对耶稣说："先生！这妇人是在行淫之时被捉拿的。摩西在律法上吩咐我们，把这样的妇人用石头打死；你说该把她怎么样呢？"他们说这话，是在试探耶稣，要得到告他的把柄。耶稣却弯着腰用指头在地上画字。他们还是不住地问他，耶稣就直起腰来，对他们说："你们中间谁是没有罪的，谁就可以先拿石头打她。"于是又弯着腰用指头在地上画字。他们听见这话，就从老到少一个个地出去了；只剩下耶稣，还有那妇人。耶稣就直起腰来，对她说："妇人！那些人在哪里呢？没有人定你的罪吗？"她说："主啊！没有。"耶稣说："我也不定你的罪；去吧！从此不要再犯罪了。"

——《约翰福音》8：3～11

世上的不幸大部分来自下面这件事：人们都自以为拥有处罚他人的权利。而"以眼还眼"是世人的习惯。

——佚名

如果有人对你犯罪，别放在心上，宽恕对方吧！这时候你将能尝到宽恕别人的喜悦。

——佚名

让罪人从内在本身除去恶因，重新获得人生的幸福，才算得上是真正的处罚。外在的处罚只会让罪人陷于狂乱的状态。

刑罚对人是非常残酷的。假如刑罚不是残酷的、折磨人的，人们也就不会制定出这种东西来。现代人的坐牢与百年前的笞刑，其残酷的情形并无两样。

——佚名

美国印第安人从未服从于任何法律、任何权力、任何政府，引导他们的只有他们的习俗，以及每个人生来具有的道德意识。当他们有越轨行为的时候，便会受到群体的侮辱和排斥，这就是他们所受到的处罚。在处罚方面，虽然没有周全的制定，但他们之间却很少有犯罪的。

若有人问："在哪一种状态下人较有犯罪倾向，是美国印第安人法律不健全的状态，还是欧洲文明人法律烦琐的状态？"细查过双方生活条件的人一定会回答："当然是法律烦琐的一方。"他们还会说："羊过它原来自然的生活就是幸福的，根本无须狼来插手照料。"

——杰弗逊

※

在学问的名目下有些东西不但毫无价值，甚至极为有害。其中最明显的例子就是有关"刑罚"的学问。

9月6日

迷　妄

迷妄对人而言是很平常的状态。但在某些时代或某种社会，它却特别具有普遍性；现代，即使在基督教社会也表现出了普遍的迷妄。

有学问的人所犯的罪比其他任何人所犯的罪更可怕；愚昧大众的淫乱比读书人的放纵情况要好些；因为前者是由于盲目而迷失，后者则“睁着眼掉入井里”。

现代文明人所犯的罪，情况正如后者。

——萨迪

许多人都在不断地追求满足，到处徘徊流浪，完全是因为感觉到生活空虚。但他们并未感觉到每次拉着自己到处跑的情欲又是多么的空虚。

——巴斯噶

刊登着各种犯罪或恐怖消息的现代报纸，似乎给吃荤的早餐更增加一份坏影响。大家的身心因肉食和报纸而受到不良影响之后，容易引起争端、战争或自杀完全是不足为奇的；以这种方式来开始每日生活的现代人，如果还过得幸福，才是真正不可思议的。这些东西等于给人的精神和肉体一种催眠，让人终日陷于不安、苦恼和绝望的状态。

——露西·马洛丽

人丧失了所谓灵魂这种东西，但经过若干时日之后，人开始感到痛苦，因此又渴望起它来了。丧失灵魂造成世界性的疾病，可怕的病毒正威胁着现代各个角落。我们无神，亦无宗教，人丧失了灵魂，人只是空寻着治疗的方法，但我们只能眼看着毒害身体的病况逐渐恶化。

——卡莱尔

人都有以己度人的倾向；人总是相信，自己看不到的东西别人也看不到；这几乎是不易驳倒的想法，正好和小孩子以为闭起眼睛别人就看不到他的情形一样。

——李希登堡

我们为保证自己的生活所做的一切事情，就和鸵鸟被杀时把头藏起来的情况一样。其实我们的做法说来比鸵鸟的做法更滑稽——我们为了对不可靠的未来生活有所保证，反而对目前可靠的生活加以破坏。

——佚名

目前资产阶级的生活值得我们做客观的观察。看起来他们似乎是为了对自己的生活有所保证才做了种种事情，但那些事情其实并不能使生活获得真正的保障。因此，事实上他们的目的只是把人生并未被保证也无法被保证的想法忘掉而已。

——佚名

目前，由少数愚昧的资产阶级和怀着深仇大恨的贫困大众，以及暴力、武器、战争等酝酿出来的残酷情形，大家都未能看清楚，而且还相信没有任何东西能妨碍我们目前所过的生活。

——佚名

※

不能因为那是大家共同的迷妄，便说那不是迷妄。

9月 7日

假如人生是幸福的

假如人生是幸福的，那么死——构成人生不可避免的条件，也应该是幸福的。

去世的人都在哪里呢？都在未诞生的人所在的地方吧。

——塞内加

假如死亡是可怕的，原因不在于死亡本身，而在于我们自己。生活过得越完善，越感觉不到死亡的可怕。

——佚名

到达老年之前，我想尽量把人生过好；到了老年之后，我想尽量好好地死去。想好好地死先要做到不怕死，也就是说要高高兴兴地死。

——塞内加

没有真正了解人生的人，当然对死深怀着恐惧。

——佚名

肉体的死就是让维系肉体的东西不再存在，与时间不可分的生的意识不再存在。但这不正是每天在我们周围不断发生的现象吗？这不是跟我们的睡眠一样的现象吗？问题是，肉体的死是否也让我对世界的独特关系（亦即结合我所有意识的东西）不再存在了呢？下断言之前必须先证明下面一事：我对世界的独特关系是否与我的肉体生活同时产生？如果是，那它便将要跟死一起消失。但事实并非如此。

我由检讨自己的基本意识而晓得：它对有些东西表示容纳，对有些东西则表示冷漠，由于这种容纳与冷漠的作用，在我的内心便只剩下一样东西，其他则全部消失——这也就指的是我对善的喜爱和对恶的憎恨程度——这也就构成了我对世界的独特关系，或者说我自己的独特性。并且我发现这种关系并非是由于某种外在的原因而产生的，那正是我生命其他所有现象的基本原因。

站在这个检讨的基础上，我有如下的想法：产生我那“自我”的独特性之原因，是可以从我的父母或影响父母的诸条件之独特性中去发现的。但如果继续往更深处考虑，我必然发现这样的事实：假如我的“自我”之独特性存在于父母以及影响他们的诸条件之种种独特性中，那么当然也存在于我所有的祖先以及他们的生活诸条件之独特性中，而我的祖先是可以一直追溯到无限的彼方的，也就是可以一直追溯到时间与空间之外，因此我的独特的“自我”是发生于时空之外的。

——佚名

死，
我不叫你野妓，
不以卑怯之念，
将你看成以镰刀武装自己的卧棺的尸骸。
崇高的圣女，
明丽的光啊！
在你手中散发着和平的木樨花香，
哪有什么可怕的镰刀？
凭你万能的力量，
让花开在荒野的岩石地上。
你跃起于一切“存在”之上，
归入一种和谐之中。
世界因你的气息而震撼；
你让狂风止息，
让狂浪引退；
你限制植物，
为的不让巨大的森林以巨影笼罩世界，
为的不让杂草一直长上天。
纯洁的你啊！

在你面前，
人即使有愤怒、有爱欲之火，
但瞬息即过。
你以正义让人转恨为爱，
无论帝王或奴隶都在你手中。
混乱压迫——
现代令人窒息的一切状态，
还有一切的谜，
你都能迎刃而解；
所有的镣铐，
也因你而解开！

——波拉多因斯基

9月8日

儿童与成人

小孩子具有使一切伟大事物完成的可能性。

耶稣说："我实实在在告诉你们，你们若不回转，变成小孩子的样子，断不得进入天国。所以凡自己谦卑到像这小孩子的，他在天国里就是最受尊敬的。凡使这信我的小子跌倒的，倒不如把大磨石拴在这人的颈项上，沉在深海里。"

——《马太福音》18：3、4、6

那时，耶稣说："父啊！天地的主，我感谢你，因为你将这些事，面对聪明通达人就隐藏起来，面对婴孩就显露出来，父啊！是的，因为你的美意本是如此。"

——《马太福音》11：25～26

为什么很多小孩子比很多大人具有更高的德性呢？那是因为小孩子的思想不会因欺骗、诱惑、罪恶而歪曲；在他们走向完美的路上，并无任何妨碍，但对大人而言，却有罪恶、诱惑、欺骗横梗其上。

小孩子只要向前迈步，大人则需奋斗。

——佚名

假如没有天真无邪的、具有一切到达完美之可能性的小孩子不断诞生，世界会变得多么可怕。

——罗斯金

小孩子是得恩宠的，是被祝福的，是残暴世界里的神的形象。根据统计，每天有八万小孩子诞生。八万的诞生是天真无邪与清新的流露，不仅具有种族繁衍的意义，而且还能对抗人的腐败与罪恶之传播。在摇篮边酝酿出来的一切美好的情感，形成了伟大创造主的一种秘密。假如这一滴甘露丧失了，自私的情欲之火不是要把人类社会烧个干净吗？

假设有十亿不会死也不再繁殖的人类，我们将如何呢？神啊，无疑的，我们将获得几千倍于现在的知识，但也不知要比现在坏多少倍。知识是堆积起来了，但由于苦难与奉献（对家庭与社会）而产生的一切德性却随之消失，而且是无可弥补的。

由于小孩子的降生带来了幸福，带来了善（小孩子本身并未意识到，也并非自己有此意愿），我们很自然地爱着小孩子，也祝福着他们。只有从小孩子身上，我们才能看到在世界上有极乐的鳞片。

——爱弥尔

小孩子柔嫩的手指间往往握有大人强有力的手所把握不住的真理，虽然成熟的人会因发现它而自豪。

——罗斯金

小孩子守护住自己的灵魂，如同睫毛保护了眼睛，没有“爱”这把钥匙，谁也休想进到小孩子的灵魂深处。

——佚名

小孩子虽然知道什么是真理，但他们不会说，这就和大人懂得外语而不会说的情形一样。小孩子无法告诉我们什么是善，但他们一定会避开所有的不善。

——佚名

即使是聪明、谨慎的人，有时亦难以察觉别人的虚伪。但对于纯真的小孩子，再怎么巧妙掩饰虚伪，他都能察觉并且避开。

——佚名

最邪恶的莫过于对涉世未深的小孩子述说有关另外一个未

知世界的事。

——康德

除了幼年时期，没有其他任何时期是以两种美好的德性——天真无邪的喜悦与对爱的无限要求，作为生活的唯一动机的。

——佚名

耶和华，我们的主啊……你因敌人的缘故，从还在吃奶的婴孩口中，建立了能力，使仇敌和报仇的，闭口无言。

——《诗篇》8：2

※

我们要尊重所有的人，并且更需要百倍尊重小孩子，千万别破坏小孩子的纯洁。

9月 9日

科学是否带来幸福

今日被称为科学的知识，虽然改变了人类的生活形式，但却不能说为人类带来了幸福（毋宁说反而对人类的幸福构成了阻碍）。

天文学、机械学、物理学、化学以及其他一切科学的研究，往往互不干涉地只研究各自所属的领域，所以无法产生关于整体人生的结论。只有在原始时代，亦即知识含混不明确的时代，某些科学虽然也是站在自己的立场，却对人生的一切现象有所把握。但等到科学自创出新的概念或术语，就开始混乱了；当天文学还只是占星术，化学还只是炼金术的时代，情况稍微好些，而今日只看到人生的一面或数面的实验科学，对人生整体的了解，则显得似是而非。

——佚名

科学的使命并非意在说明太阳黑点出现的原因，而是在意图弄清我们本身的生活法则，以及破坏这个法则的后果。

——罗斯金

有关自然方面，从实验得来的定律或规则已经足够，那也可以算是真理的泉源了。但在有关道德方面，很遗憾，实验（或经验）却不过是错误之母，因此有关我们该做什么的诸多法则，如果从我们的经历中来抽取或者以经历来限定，则是非常不恰当的事。

——康德

知识让伟人谦虚，让凡人惊讶，让小人浮夸。

——佚名

苏格拉底说："除了为善的愿望别无其他念头的人，即使放弃学问，也不会感到痛苦。"

苏格拉底的睿智乃在于"不知为不知"这一点上。

——西塞罗

学问是精神食粮，但如同肉体过度摄取食物便有害于肉体，精神食粮也是一样。因此精神食粮也有吃太多或中毒的情形，为了避免这样的事，像肉体摄取食物一样，精神食粮必须在必要的时候才摄取。

——罗斯金

知识之所以重要是因为它有助于人类的幸福（人类的结合）。借着对这唯一真理的认识，人类才可能互相结合在一起；这个真理的表现必须是明白易解的，但今日的科学所表现的却是既不明白又难解的。

——佚名

※

无论怎样伟大的科学性知识，都无助于人生主要目的的实现，或者说无助于道德至高境界之达成。

9月 10日

良心的声音

良心绝不要求我们确保自己动物性的本质，而是要求我们牺牲它。

知道神赐给他无限圣灵而让他觉醒的基督教徒，是无法将人生的目的定于外在事物上的。

关于世上一切事物的目的（亦即神创造世界的目的）是人所不可企及、无法达成的，因此人必须听从自己内心所认识的神的意志之指示，而不是听从外在的目的。

船夫为了选择船行进的正确方向，有时候会根据岸边的景象判断，但这只有在小溪、小河上行走看得到岸边的时候才有可能；如果在海上行船，则必须根据指南针的指示选择。对于基督教徒而言，也有类似的情形；为了选择人生正确的方向，如果面对的只是些世俗问题，则根据外在目的的指引并非不可能，但如果为探求人生整个的意义，则必须听从良心的声音。良心的声音就是当一个人违背真理或有违背真理之危险的时候，从内心里发出的频频告诫他的声音。

——斯特拉霍夫

我们在做出脱离私欲的行为之后都会有一种满足感，因为我们可以由此看出自己与其他一切生命的密切关系。私欲让我们心地褊狭；脱离私欲则让我们心胸宽大。私欲把我们的利益拘限于个体，因此我们的意识只是不断地感觉到威胁个体的无数危险，我们的心情也就因而常处于不安与苦恼中；当我们意识到所有生物与我们的一体性时，我们所关心的便会扩及所有生物，从而使得我们心胸开阔。由于减少了对自己的关心，结果不安与苦恼便可以根除或减少到最低限度。这时候，崇高的精神与澄净的良心必定带来和平而充实的喜悦，这由每次行善过后的心境可以证明。利己主义者在外来状况和敌对现象中感到孤独，因为个人的利益是他全部的希望；但善良的人则活在充满友爱的世界，因为他把所有人的幸福当作自己的幸福。

——叔本华

在我们与所有的物象之间，存在着太多的障壁，心情、健康状态、视觉情况、窗景、雾、烟、雨、尘埃，还有光线——所有这一切，都在不断的变化中。赫拉克利特（Heraclitus）说：“没有两次沐浴的水流是一样的。”我也想说：“没有两次所看到的景色是一样的。”因为看的人和被看的东西都处在不断的变化之中。

睿智是面对如梦如幻的人生而不受蒙蔽。聪明人的特质就是了解在这个悲喜剧的舞台上要把自己的角色演好。

我认为，是理性把我们引向这样的状态，是它让我们意识到一切现实只不过是梦中之梦。而能将我们领出梦幻世界的只有自己的痛苦、义务的观念、互相团结的意志、罪恶感——总而言之，就是道德的要求。只有良心能让我们脱离妖魔鬼怪，只有良心能让我们从吗啡、鸦片的催眠或陶醉中觉醒，让我们重新意识到人世间的苦恼和责任。

良心是让我们从梦中醒来的闹钟或鸡鸣，是手里拿着剑把我们从虚假的天国赶出来的天使。

——爱弥尔

所谓人的外在状态，指的也许就是人迷失于冥想，或陷于感情构成的错综复杂的迷宫。但灵魂对真理的认识却是永远正确的。

——露西·马洛丽

情欲也许比良心更有力，它的声音也许更为响亮，但这种声音与良心说话时的命令式调子是完全不同的；情欲的声音绝无良心的声音所具备的庄严。即使情欲的声音正在高扬，当它碰到良心平静、深沉而具有威力的声音时，还是会立刻萎缩的。

——柴宁

※

良心的声音与我们心中所发出的其他声音可以从下面一点来区别：良心的声音所要求的是超越利害的、微妙的、美丽的、只有靠我们的努力才能达到的东西。

从这一点我们也可以看出，良心的声音与虚荣心是不同的，但虚荣心（荣誉心）与良心的声音却往往被混为一谈。

9月 11日

真正的信仰

真正的信仰吸引我们并不在于信的人必定获得幸福，而在于它预言了信的人从不幸与死亡中得救的唯一方法。

心里只有“利益”这一念头的人，除了所谓利害关系的道德，再无其他道德；除了“物质上的幸福”这个宗教，再无其他宗教。这样的人，当自己的肉体残废或生病的时候，会卖力高喊：“哦，请把我的身体治好吧！只要身体强壮、丰满，灵魂也必然回到肉体中来。”但我却认为，必须先治疗灵魂才完全根治肉体；病根是存在于灵魂中的，肉体疾病只不过是灵魂疾病的表面化罢了。

现代人因普遍丧失对“天人合一”的信仰而走向毁灭。灵魂的真正宗教丧失了，剩下的只是空虚的形式以及没有生命的仪式；换句话说，人失去了义务观念和牺牲自己的能力，结果便退化成了野蛮人，变成尘埃般无意义的存在物。“利欲”的偶像在空虚的祭坛上跳跃，暴君或征服者被当成世上最神圣的人物来崇拜，于是产生邪恶的道德，这种道德高唱的是：“每个人都只是为他自己的利益而存在！”

——马志尼

当我们为了检讨所有引起苦恼的原因，从浅显追溯到根本原因时，会发现：人类所有不幸的最根本原因在于缺乏信仰或信仰薄弱，也可以说在于人与世界、人与神的关系都变得不明确，变得虚假。

——佚名

一个人信奉外在的世俗的法则，就等于伫立在街灯之下，只有在灯光照耀的范围内是明亮的，灯光无法照得更远。但皈依宗教的人等于手上提着灯笼往前走的人，光一直在他前方鼓励他跟着走，随时在他前方为他启示具有新鲜魅力的、明亮的空间。

——佚名

※

拯救既不在于信奉此宗教或彼宗教，也不在种种仪式之中，而在于明确悟得自己的人生真义。

9月 12日

抛弃财富

我们无法兼顾神与金钱；追求世俗的幸福与完成道德法则是难以并行的。

有一个人来见耶稣，说："神啊！我该做什么善事，才能得到永生？"……耶稣说："你若愿意做完全人，可以去变卖你所拥有的，分给穷人，则必有财宝在你周围，你还可以来跟从我。"

——《马太福音》19：16、21

耶稣对门徒说："我实实在在告诉你们，财主进天国是困难的。我还要告诉你们，骆驼穿过针眼比财主进入天国还容易呢。"

——《马太福音》19：23～24

保罗把财迷称为偶像崇拜。因为大部分拥有财富的人并不懂得怎么利用它，而把它当作不可触碰的圣物原封不动地传给子孙。万不得已非去碰那些黄金不可的时候，便觉得触犯了不可饶恕的罪恶。从另一方面看来，异教徒也似乎非常重视他们的偶像，他们谨慎地守护着他们的金色偶像，以金库代替祭坛，把偶像放在银制容器上来供奉。

异教徒宁可被夺去自己的眼睛或灵魂，也不愿被夺去偶像，拜金者也有与此同样的情形。但他们所崇拜的，或许可以说并不在黄金本身；异教徒之崇拜偶像可以说是因为对存在于偶像身上的恶魔心怀恐惧，同样的，拜金者也是借着对黄金的执着与热情来崇拜心中的恶魔。拜金热比异教徒的偶像崇拜更邪恶；大部分人心中不再有偶像，却为黄金所诱惑，他们屈服于拜金思想，听从它的命令，它说："与所有的人结为仇敌吧，忘掉天性！蔑视神！为我牺牲你自己！"人人都听从它。异教徒为了偶像而以牛、羊来供奉，拜金思想是命令你牺牲灵魂。即便如此，人们还是愿意听从于它。

——琐罗亚斯德

※

人人都在追求富贵，但只要大家能看清自己因之而失去的许多东西，他们应该就会把现在用在获得财富时的精力，用来挣脱财富的束缚。

9月13日

谈境遇

圣人并不要求环境改变，因为他晓得，无论在任何环境中都可以实行神的法则，都能感到自足。

我从不悲叹自己的命运，也从不为此发出怨言。只是有一次因为鞋子遗失了，无论如何没有能力再买一双的时候，我发出过怨言。当时，我怀着沉重的心情走进一座教堂，在那儿我看到了一个缺腿的人，于是我为自己双脚的完整而感谢神，没有鞋子穿又算得了什么呢？

——萨迪

不走出门外，不看窗外，圣人便能知道自己应该知道的事，因为圣人从心里了解天道。走得越多越远，所知道的反而越少。所以圣人不出远门便知天下事，不看外界就能判断一切，不刻意去做什么而一切伟大的事情已自然完成。

（原文：不出户，知天下；不窥牖，见天道。其出弥远，其知弥少。是以圣人不行而知，不见而明，不为而成。）

——老子

当我们的灵魂未成熟的时候，我们的眼睛也未真正打开，因而看不清眼前的事。而一旦我们看清一切，想起过去盲目的时期，发觉真像一场梦。

——爱默生

人对自己的境遇感到不满的时候，可以借助两种方法来改变它：一种是改善生活状态，一种是改善自己的精神状态；前者往往是不容易达成的，后者则往往可能达成。

——爱默生

※

缺乏睿智的人必然对自己、对别人、对周围的事物都感到不满。

9月14日

勿参与暴行

暴力经常披着表面伟大的外表，尤其叫人去尊敬可厌的东西，其毒害便更深了。

以暴力逼迫我们的人，是要剥夺我们的权利，因此行暴力者是令人厌恶的；能开导我们的人，我们则把他当作恩人爱戴。只有粗野愚蠢的人才会制造暴力，睿智的人绝不可能参与暴行。行使暴力需要很多伙伴，劝导人则不需要。若想开导与自己持不同见解的人，亲切的开导方法才容易让人信服。

——苏格拉底

拥有权力的人都相信，只有靠暴力才能驱使人或指挥人，因此为了维持现存秩序，他们便大胆行使暴力。其实，要维持现存秩序，需要的是尊重合理的舆论，而非行使暴力。舆论活动必因暴力而遭破坏，因此发动暴力反而将原本想维持的东西削弱或糟蹋了。

——佚名

人不是生来被逼迫，也不是生来就屈从于人的；人因这两种习惯而互相伤害，这其中只有疯狂与不逊，人的尊严则已消失殆尽。

——康西德兰

假如我们都能发现人生卑微的一面，世界必将因此而改观。

——佚名

以暴力手段来达到目的的人，是不义之徒。只有能分辨真伪之道的、不以暴力而以正义教导人的以及忠于真理与理性的人，才能够称其为正人君子。

拥有花言巧语的人绝不是贤者，只有坚忍不拔、不受憎恨与恐惧之念左右的人才是真正的贤者。

——佛陀

※

所有的暴力都是违背理性与爱的。我们绝不要参与暴行。

9月15日

破除虚妄

认识真理的最大障碍是冒牌的真理。

在现实生活里，幻想扭曲现实不过是刹那间的事，但在抽象领域，虚妄则能支配数千年的时间，人被套上桎梏，高贵的内在世界之成长因而受到阻碍。抽象世界的虚妄（错误）是每一个时代最杰出的人所共同对抗的敌人，当他们获胜的时候，才可能促进人类的繁荣。如果说“人即使不能预知真理的益处仍然必须去探求它，因为真理的益处总是在意想不到的时候才出现，才产生”，那么我必须附带地说：“人在未能预见虚妄的毒害时，也必须尽量把它找出来并根除它，因为虚妄的毒害总是在意想不到的时候显露出来；所有的虚妄都在自己的精神里深深秘藏着毒害。”让人类成为“大地王者”的是真理与知识，世界上不可能有无害的虚妄，也不可能有所谓可敬的神圣的虚妄。

为了安慰把自己一辈子的全副精神用在与各种虚妄、各种错误奋战的人，我们应该可以这么说："未发现真理之前，虚妄就像猫头鹰或蝙蝠在夜间的活动，而一旦太阳出现，猫头鹰或蝙蝠便消失踪影。"同样的，即使虚妄压迫真理，占据真理的位置，最后真理必能显现，必能被认识。真理的力量是强大的，真理的胜利虽然伴随着困难与痛苦，可是人一旦把握住了真理，它就不会再消失。

——叔本华

为获得人类的幸福，揭发虚伪和揭示真理是一样重要的。

——佚名

走出虚伪的外壳就等于靠近真理，换句话说，识破虚假便是回归真理的表现。虚妄总是有害的，把虚妄当真理的人，虚妄迟早会毒害他。

——凯姆比斯基

※

掀去掩盖真理的外衣，人类才能有知识领域的进步。

9月 16日

怀疑反而巩固信仰

怀疑并不破坏信仰，反而能巩固信仰。

我无法在神和“我们”之间画界线。无疑的，我们有自由意志的决定，可是在最高、最自由的思想和情感的领域，我们一定会认识到神；我们内心里最深刻的东西只不过是神的反映罢了。

神不断地让我们觉醒，而且不断地通过我们来作用，我们只需要按照神的意思来思考和行动。神就在我们道德名义上的努力之中，神就在真理中支持着我们，神帮助我们与恶苦斗，并为我们展现许多无法形容的美丽事物。但是，只要有人对神表示一点不信赖，神便立刻抛弃我们。

——马蒂诺

所谓不信神，并不在于信不信。皈依自己不相信的教义，或教给别人自己所不相信的事，就是不信神。

——马蒂诺

人有时会暂时不相信精神生活。但这并非是不信神的问题，而是一个人相信肉体生活的时候。这时候，人会突然对死亡感到恐惧——当我们受到某种东西的炫惑，开始相信肉体生活才是真正的生活，就会发生这种事——正如我们在剧场中忘了自己，把舞台上之所见信以为真，而为舞台上的情节感到惊恐。

即使在掉进这种幻觉的刹那间，有教养的人、真正具有宗教信仰的人，也会了解：在肉体生活中所发生的事毕竟无法剥夺真正生活的幸福。

如同病人需要安静，精神低沉的时候也需要由自己一个人来处置。

圣人在过得最顺利的时候仍然能心存怀疑。不受阻碍的怀疑才能构成信仰的基础；真正的信仰总是伴着怀疑而产生，假如我不会怀疑，我也就不会有信仰。

——梭罗

※

怀疑神的存在，为此而痛苦的人，未必远离神；只在嘴巴上相信神存在或不存在，对别人说的话全盘接受的人，才是远离神的人。

9月 17日

谈土地私有

把土地当作财产拥有，是不义的。

将若干土地用篱笆围起来，宣告“这一片土地是我的”，并招来一批轻信其宣告的极单纯的人——这便是“容忍私有权存在的社会”之创始者。当时若有人将篱笆拆除，填平沟渠，大喊：“小心啊，别相信那个骗子的话！假如你们忘了土地并不属于任何人，而土地的收获是属于大家所有的，你们一定会走向灭亡的！”那么人类一定能免除许多罪恶、战争、杀人或其他恐怖事件。

——卢梭

正义是不容许土地所有权存在的。因为假如土地的一部分可以变成某人的财产，允许他像对待具有特别使用权的物品那样为他个人的方便而使用和保管土地，那么这块土地的其他部分也可能成为其他人的私有财产。结果这种情形将扩及更多土地，最后整个地球都要成为少数人的私有财产而全部被分割掉。

现存的对土地的所有权，我们难以认定那是合法的；认为那是合法的人最好能翻开历史看看，他会发现土地所有权的泉源往往是暴力、欺骗、权力和狡猾等。

——斯宾塞

没有土地的人——也就是具有使用土地的能力和可能性，并具有强烈愿望想去使用土地，却被剥夺了使用权力的人，我们最好能从观察自然的立场来看他们——这正好就跟被剥夺了空气的鸟兽或没有水的鱼贝类一样的不自然。

——亨利·乔治

某些人自己私有土地，却从言论上或裁判上责备别人私有其他财产。

私有土地等于盗取民众财产，他们应该感到惭愧才对。但他们却不了解自己的罪过，竟然若无其事地责备或处罚别人。

——佚名

分割土地变成私有，绝不是从人与人之间的自然关系中产生的，那往往是历史上侵略或破坏的结果。土地私有是极度无理、极度野蛮的不义行为，是生产力的明显衰落，是对自然资源最有效利用的阻碍，是对健全社会政策的背叛，是改善人类生活状态的障碍。土地私有既然如此有害，为什么一直到今天仍然允许其存在呢？那完全是由于大部分人从不好好思考这件事，对先知们所说的话亦充耳不闻的缘故。

——亨利·乔治

道德上的发展阶段保持在同一水平的时候，人的私有制度（奴隶制度）比土地私有制度要人道些。容许土地私有权存在的时候，大家耗费劳力，却处于饥饿状态，人生的喜悦与欢乐全部被剥夺，人人陷于蒙昧无知的家畜般的状态；而且意志的活动似乎也丧失了，每个人似乎为命运的不可抗拒的力量所支配，而有种种犯罪或杀人行为发生。

——亨利·乔治

※

私有土地的不义跟其他所有的不义一样，必然与为了防护自己所需的种种恶行、恶事结合在一起。

9月 18日

生活的本质

生活的本质并不在肉体之中，而在良心之中。

假如我没有骨头、肌肉之类的东西，也就无法去做我认为正确的事，这无疑是事实。但如果说我做正当事情的原因是在于骨头或肌肉，而不在于对善的爱，这是多么愚蠢的想法——这意味着我对事物的原因以及与之相关的东西未能加以区别；大部分人都在黑暗里摸索着走，而把伴随着原因的东西称之为原因。

——苏格拉底

认为人生的活动是不可以由精神力量来说明，而是应该由物质的力量，或两种力量的混合来说明的人，他们所持的理由是：若无维持肉体生活的物质（食物、空气等），精神生活便不可能存在——这种错误的想法，就等于有人认为火车的开动不是靠蒸汽的力量，而是靠适时让蒸汽进入汽缸的活门之作用。

的确，假如活门没有调节好，蒸汽便无法适时进入汽缸。但假如没有依靠蒸汽的力量而旋转的活塞之作用，活门本身是无法让火车开动的。

——斯特拉霍夫

神性就存在于我们内部，我们总是不断地想要回到这个根源去。

——塞内加

人把精神与肉体都视为自己的本质，并因之而不断承受痛苦。但你应该了解，你的本质是在精神之中的，你应该让精神超越物质，不应该让精神从属于肉体；避免只过肉体生活，尽量走向精神生活。如此，你便能因实现一切真理，完成自己的使命而融入神的力量之中。

——奥勒留

精神生活就是在不具“原因”的精神根源之中认识自己一切行为的原因，并由这个根源来引导生活。

不认识精神根源的人却以不显露原因的肉体关系作为种种行为的指导，但这样一来，每个结果都只是种种结果的结果，复杂到让我们无法看清一切。因此，这样的人绝不可能有自己行为的坚实基础。

我认为，是存在于我们内部的一股灵力让我们觉醒，让我们得以过良知的、自由的生活。

——佚名

当你悟到肉体只是暂时存在的东西时，你同时也能看出永恒不变的东西。

——佛陀

人有了彻悟后的精神力量才算真正活着。我们绝不能将人生的本质归于肉体的生活。肉体只是装着这一股内在力量的器皿而已；一切表面的东西只是为了这股精神力量而存在的。没有精神的肉体就如同没有织布人的梭子，没有写字人的笔。

——奥勒留

精神（神、灵）是我们所看不到的，它却看得到一切。

——《犹太法典》

※

是精神引导肉体，而不是肉体引导精神。因此，假如我们想改变自己的境遇，应该从精神领域而不是肉体上去指引自己。

9月19日

虚伪的信仰

虚伪的信仰在过去产生的毒害以及现在仍继续产生的毒害之大是无法衡量的。

所谓信仰，就是确立人对神与宇宙的关系，我们可以由这个关系决定自己的意义。假如这个关系以及由此决定的意义都是虚伪的，我们的生活将会变成什么样子呢？

没有宗教信仰或轻蔑神明无疑是极坏的事，但迷信却比这样更坏。

——普鲁塔克

假如我们问基督教徒，“基督是从怎样的‘恶’中把人类释放出来的？”相信他们大部分都会这样回答：“地狱、永恒的劫火，以及未来的惩罚。”同时，他们也会认为所谓拯救就是别人能为自己完成的某种事。在《圣经》中很少出现的“地狱”这两个字被误解的结果，为基督教徒带来了许多的毒害。事实上人即使能脱离表面的地狱，也还是可能掉进更可怕的地狱，然而对人最重要的拯救、给人真正自由的拯救是脱离自己心中的“恶”。有比表面上的罪更坏的事，那就是心灵的罪，也就是如下的心灵状态：漠视存在于内心的神的力量，即背叛神而委身于情欲的力量，以及看起来似乎活在神的面前，实际上却害怕人加诸于自己的恐吓或愤怒，不去认识自己已经获得的平安与美德，却执着于表面的荣誉——还有比这样更可怕的心灵败坏状态吗？

一般人往往不知悔悟地把这种心灵状态一直带到坟墓里去，这不是很可怕的事吗？

拯救的真正意义是：提升堕落的心，医治生病的心，挽回思想、良心、爱与自由。

我们被赋予明净的心，为的便是获得这样的拯救。

——柴宁

“丧失灵魂”的意义并不是如教会里所讲的“陷于无边的地狱”，而是指忘身于情欲的杯中，迷失道路，在自我的狭小圈子里打转。这就跟在森林里迷路，只在一个地方转圈，始终走不出来的人一样。

——世界先进思想

只在嘴巴上讲真理是容易的，但为了真正获得真理，却需要多少内在的工夫！

——佚名

大家过着恶劣的生活，完全是因为他们不相信真理而相信虚伪。

——佚名

教会以神的名义制造了各种特别的关系，在教会与哲学之间筑造分割彼此的墙，似乎教会与哲学可以互不相干地各走各的路。而今的哲学家该做些什么呢？应该是去打破那一道墙。

——莱辛

※

只抛弃虚伪的信仰是不够的，只抛弃对世界的虚伪关系也是不够的；我们务必要确立真正的信仰。

9月 20日

努力以结善果

所有的善事只有靠努力才能获得。

除非不从事研究工作，如果研究了也得不到成就，不要让他就此放弃；除非有疑问都不去请教有识之士，如果请教了也不十分了解，不要让他就此放弃；除非不思索，如果思索了，对于善的根源仍然无法明确了解，不要让他就此放弃；除非不分辨善恶，如果分辨了也无法分辨清楚，不要让他就此放弃；除非不行善，如果行善了，也未倾尽全力切实做到，不要让他就此放弃。别人一次能做好的，让他做一百次，别人十次能做好的，让他做一千次吧！

能持之以恒的人，再愚昧的也会变成有教养的人，再脆弱的也会变成坚强的人。

（原文：有弗学，学之弗能，弗措也；有弗问，问之弗知，弗措也；有弗思，思之弗得，弗措也；有弗辨，辨之弗明，弗措也；有弗行，行之弗笃，弗措也。人一能之，己百之；十能之，己千之。果能此道矣，虽愚必明，虽柔必强。）

——孔子

你们要进窄门。因为引到灭亡的门是宽的，路是大的，进去的人也多；引到永生的门是窄的，路是小的，找着的人也少。

——《马太福音》7：13～14

行恶是容易的，换句话说，为自己招来不幸的事做起来是容易的。但若要为自己带来真正的幸福，带来真正的善，则只有靠勤劳与努力才可能实现。

——佛陀

探求真理时，伴随着你的不是愉悦，而是烦虑与不安。但真理是不能不探求的，因为若不发现真理，不爱真理，你便只剩下毁灭。也许你会说，假如真理希望我们发现它，爱它，真理本身应该会出现在我们面前；的确，真理是出现在了你面前，但是你并未去注意它。探求真理吧——这是真理所希望于你的。

——巴斯噶

走向“善与智”的道路绝不是在开着百合花的柔软如丝的

草地间，而是经常需要攀登巍峨的山崖。

——罗斯金

心灵深处不断想过美好生活的人，才真正有实现这种生活的可能。

——佚名

※

人若习惯于劳动，就不会感觉到肌肉疼痛，但不劳动的人一旦劳动一定会因痛而叫苦。同样的，把完成善德作为人生重大事情的人所能处之泰然的不幸，对于缺乏精神修炼的人而言是痛苦不堪的事。

9月 21日

自由与思想

在人类的自由之中，最小的自由是两个或若干不同行为的选择——该向右走，或向左走，或停止不动的选择。稍微困难而却有价值的自由，是听任感情或压抑感情的选择——例如大发脾气或抑制愤怒两者间的选择。而最困难却最重大的自由是对自己思想方向的选择。

尽量不要去想归属于邪恶的东西。

——艾皮科蒂塔斯

所有事情都在神的掌握之中，只有想为神或为自己尽力的愿望是可以由自己决定的。

我们无法防止鸟飞在我们头上，但我们有权力不让鸟筑巢于我们头上。同样的，我们无法防止邪恶的思想闪现脑中，但我们有权不让邪恶的思想筑巢于我们脑中，以防止邪恶的行为。

——马丁路德

为了获得知识，拥有和平的生活，以及完成所有的工作，以正确的理性来掌控自己的思想是最重要的。

——洛克

我们的生活是我们思想的结果；生活从我们心中产生，从我们思想中产生。如果人的言行受支配于邪恶的思想，必有苦恼伴随其后，正如车轮跟随在拉车的牛蹄后。如果言行受支配于纯洁的思想，必有喜悦随之而来，如影之随身。

“那家伙毁谤了我，那家伙征服了我，那家伙整了我，那家伙伤害了我。”——心中老被这些念头骚扰的人绝对无法消除憎恶，不让这些念头存在于心的人是克服了憎恶的人。

从憎恶产生的东西是无法以憎恶来征服的，憎恶必须靠爱来消除，这是永远不变的法则。

——佛陀

对事物的见解确定了，便能得到知识；得到知识，意志便能面向真理精进；意志能充分向目标精进，心就是善良的。

（原文：物格而后知至，知至而后意诚，意诚而后心正。）

——孔子

注意自己的思想、自己的言论，以及一切邪恶的行为；当你能注意到要保持它们的纯净时，就已经踏上真理的道路了。

——佛陀

不仅行恶是罪，恶念也是罪。

——琐罗亚斯德

※

感情可以脱离意志而独立，但思想能赞同也能不赞同感情，因此，它能煽动感情也能抑制感情。

9月22日

对“永恒”的信仰

对“永恒”的信仰是人与生俱有的。

人如果认为自己只不过是在某一特定时刻被唤到世界上来的一种存在物，他也就会很自然地产生如下的信念：死虽然是自己生活的终结，却不是自己本身的存在之终结。

——叔本华

我们的精神并没有把肉体当作永恒的家，而是把它当作暂时借宿的地方。

——印度经典

我们是必死的存在，我们无法长生，我们拥有的时间是极有限的，但我们的灵魂并不为此感到恐惧，并不知老是什么，灵魂是永远存在的吧！

——弗西克利特

不知还有多少我们所未知的国度！对着无限的空间，无限的沉默，我真是心怀恐惧。当我想到自己那段落于“以前存在，以后也永恒存在”观念里的短暂生涯，当我想到我所占有的和我所看到的空间之小，当我想到在我不知它、它也不知我的无限空间里自己所占的狭小空间，便有恐惧感袭来。而且为什么我一定在这个空间而不是在其他的空间，我也为此感到吃惊。因为即使不考虑过去与未来，我也毫无根据可以证明为什么现在这一刹那，我不在别的地方，而一定落在这个地方。是谁把我放在这里的？是由谁的命令和安排给我这样的空间和时间？

人生短暂得如同一名过客对一天的回顾。

——巴斯噶

死，是我们的肉体——我们作为手段来容纳世界的器官之破灭。世界通过这个肉体来显现它的样子，死是我们借之来看东西的玻璃镜片的破碎，但眼睛绝不会跟着玻璃片的破碎而破碎。

——佚名

经验告诉我们：相信坟墓彼方之生活的许多人照样想着坏事，做卑鄙的事，照样想出种种狡猾的手段来逃脱种种罪过或自己恶劣行为的可怕结果。但我们同时也看得到，真正有道德的人都知道在心灵深处存在着通向永恒的东西。因此，我认为把对来世的信念建立在高贵灵魂与美好生活的情感上，应该比将善良的行为基础建立在对来世生活的期望上更合乎人性——真正的道德信念就是这样的东西，其单纯程度比一切哲学化或艺术化的东西更高贵；这样的信念是我们在任何境遇都能达到的唯一存在，它以最直截的道路将我们引向真正的目的。

——康德

我们将人生极小的以错误想法拘限的一部分，当成了人生的全部，因而产生了对死的恐惧。

——佚名

※

我们有关永恒的意识，就是存在于我们内部的神的声音。

9月23日

人无法知道一切

所谓“真正的知识”绝不是我们所能完全得到的，我们只能接近它。

普通学者往往喜欢论及所有存在物，或探求他们所谓的“自然”之根源，并探究天体产生的根本原因，但苏格拉底对此非常慎重。

他说：“他们真的对与人无甚关系的事物抱着那么大的兴趣吗？他们的确是如此。因为他们自认为能研究人所能知道的一切事物，或者他们自认为能深入到超越事物的神秘境界。”

苏格拉底对这些不了解人脑无法洞察神秘的假学者所表现的盲目感到惊奇。

他说：“那些人一概想象自己具有解释神秘现象的能力，但事实上这是很离谱的，假如你倾听他们说的话，就会觉得自己是在一群疯子之间；这些人对不可怕的事感到可怕，对真正危险的事反而不害怕，所以他们也是非常不幸的。”

——色诺芬

认为科学有时会成为宗教之敌是非常奇怪的想法；科学如果是虚荣的、空洞的，那么它何止是宗教之敌，它也是真理之敌；但真正的科学不仅不是宗教之敌，而是在开拓宗教之路。

——罗斯金

如果生来是为揭开所有布幕，倒不如不出生好。

——《犹太法典》

正常发达的头脑，该高兴的不应该是自己已经知道了种种事物，而是意识到还有无数未知的东西。

知识是无限的，因此大学者和不识字的农夫一样，离真正的知识都还很远。

——罗斯金

※

知道过多不如少知道一点；不用怕无知，该怕的是多余的知识，负荷不了的知识，以及只为虚荣而获得的知识。

9月24日

肉食是一种恶行

如果认为食肉是必要的而且是正确的，那么食肉就要被允许了。

是怎样的生存竞争，或怎样的难以抑制的愚昧，让你们为了吃动物的肉而以血污染双手呢？即使不这么做，你们为了生存下去不是也能彻底利用其他一切必需品以及所有方便之物吗？而今，似乎没有动物的肉，大地便没有能力养活你们似的，为什么你们要如此毁谤大地呢？

你们问我，毕达哥拉斯是为的什么缘故而禁止自己吃肉呢？但我想问的是：允许血污染嘴巴、允许自己的嘴唇触碰被杀动物的肉——这样做的人，是真的有什么样的感情、思想和立场吗？对于餐桌上摆着被杀动物的丑恶形骸，把最近还在以动作或声音来表示其生存的动物拿来当作自己每天食物的那些人，我感到非常惊奇。

原始时代最初走上食肉道路的民族是情有可原的，那是由于他们完全没有或缺乏生活所需的其他手段才被允许的。因此原始时代的民族事实上并非是为了纵欲而养成残忍的习惯，而且也不是为了扩大一切欲望，或陷于不法情念才养成这种习惯的。

——普鲁塔克

如果说，人并不是生来被老虎吃的，那么羊更不是生来被人吃的。因为老虎是肉食动物，但人并非如此。

——李德孙

※

除了肉类之外没有其他东西吃的人，或不知食肉为罪恶，天真地相信《圣经》允许食肉的人，与住在有蔬菜有乳类的国度或者听圣人说过有关反对肉食的教诲而仍然吃肉的现代文明人，他们虽然同样都吃肉，但两者之间却有很大的区别；后者由于继续做自己已经承认的坏事，因此所犯的罪恶更大。

9月 25日

谈杀生

对众生的同情将唤起我们心中类似肉体上的痛苦之情。肉体的痛苦会麻木，由同情产生的痛苦也会麻木。

对众生的无尽同情，是一个人的行为合乎道德标准的最可靠、最被期许的证明；只要有这一点，一切辩解都没有必要了。满怀同情的人绝不可能去伤害任何人，毁谤任何人，也不会带给任何人痛苦，加给任何人重荷；他会尽可能宽恕所有的人，他的一切行为是正义与博爱的象征。有人说："这个人是非常有道德的，但他却不知同情为何物。"或者说："这个人是不义的、邪恶的，但他是个富含同情心的人。"当你听到这些话的时候，一定会大感矛盾。

——叔本华

我们的饮食是无须走到杀生这样不容原谅的地步的。

食用植物俯拾即是，树上不是结了许多熟透的果子吗？

葡萄园不也挂满水灵灵的葡萄？新鲜美味的蔬菜长在田野，若是太硬，煮一煮就会变得又香又甜。

清口的乳液、甘美的蜜汁、麝香草的芳香——这些都在你手上啊！

大地毫无保留地把她的一切都给了我们。

即使不残酷杀生、不流血，大地不也能为我们准备一桌丰盛的食物吗？

只有野兽才会通过吃动物的肉来解饿。非野兽的动物如牛、羊、马都是和平地靠食草维生。

只有生来残暴者如凶猛的老虎、残酷的狮子、嗜血的熊，以及饿狼等野兽，才以肉食为乐。

这是怎样的罪恶习惯，怎样的可怕丑行，这是多么可耻的贪食啊！

我们可以拿与我们同样具有生命之物的血肉来解除自己的饥饿吗？我们可以用杀生、用其他存在物的死来维持自己的生命吗？

这不是可耻的事吗？在我们周围，充满着丰富大地送给我们的礼物；我们有供养我们的大地之母。我们不是野兽，我们是人啊！

我们却贪婪地露出牙齿，野兽般无限享受地啃着被杀害的动物肉！你们不觉得这是可耻的事吗？

不牺牲其他生命，我们就无法解决贪得无厌的胃所感到的饥饿吗？

曾经有过名副其实的黄金时代，大家都保持着良好习惯。

每个人是那么的幸福、亲切、朴素。

只靠大地所给予的果子便足够、便满足。

嘴巴不沾染血腥，鸟类不受到危害，可以在天空自由飞旋；胆怯的兔子也没有危险，可以在原野里自由奔跑。

没有狡猾的钓鱼线和圈套，鱼不会因上钩而成为可怜的牺牲。

没有人晓得什么是恐怖、欺骗或坏事，到处一片和平。

但这一切都哪儿去了呢？

无罪的羔羊啊，你生来是那么善良、温和，带给人类那么多好处，但却残酷地被杀害了。

你给我们丰富美味的奶喝，以柔软的毛来暖和我们，你活得幸福不是比死于残暴之手对我们更有益吗？

怎么居然有人会忘了你带来的恩惠，以锐利的斧头砍在你那被套上重轭的温顺的细脖子上呢？

我们怎能以助我们丰收的忠实朋友的血来污染育化我们的大地之母呢？

这种恶习是可怕的，你们所走的路是通向罪恶的。

一个人若忍心杀那死前悲鸣的无罪的牛，或杀叫声如小孩哭声的羊，或为了好玩而对着空中的飞鸟开枪，或为了吃它而特地把它养大，那么他也会若无其事地杀人吧。

只要人有残酷的食肉习惯，有可怕的吃人行为也是当然的了。

兄弟们啊，我要对着你们大声喊叫："停止食肉！请记住我的话！"

不要因杀生而远离耕作，在其他动物忠实待你的时候，你还能杀生吗?

别杀对自己毫无防备的家畜，用家畜的毛来暖身吧，用它们丰富的奶来润喉吧，让家畜高高兴兴地活着，让它们在你们的牧场上自然死去！

把网子抛弃，别碰翱翔空中的鸟，让它们在空中自由飞旋，自由鸣唱！

狡猾的网子、残酷的钩子，全部丢弃！

别再捕钓容易受骗的鱼，别再以其他生物的血来污染人的嘴。

人迟早会死，会死的东西对其他会死的东西，都应该心怀同情的。

只吃被允许的食物——只吃与人类的爱以及纯洁的灵魂相宜的食物！

——奥维德

一个人对动物的同情与他性情的善良有非常密切的关系，因此残酷对待动物的人绝不可能是善良的人。

——叔本华

所有生物都想避开苦恼，都以生命为重。要晓得你本身也是生物中的一种。切勿杀生，绝不制造死亡！

——佛陀

只有写、读，并不算教育；假如没有教人以仁慈、以善心对待所有生物，也是谈不上教育的。

——罗斯金

杀生本来就是很可憎的，但没有比为吃肉而杀生更可恶的。人越是讲究杀生的方法，越是一心想拿所杀的动物来满足口欲，越是注重如何烹调得美味，这样的杀生越是令人厌恶。

——佚名

尊重你的兄弟，尊重栖息于地球上的一切动物；不流人类的血是当然的，同时也应该不流家畜、野兽、鸟类等所有动物的血——在你的灵魂深处，有个声音是禁止“流血”的，因为血就是生命，你是无法让生命复原的。

——马蒂诺

※

当你因看到其他动物受苦而感到痛苦的时候，不要为了逃避痛苦而从它身旁走开。相反的，你应该走近受苦的动物，探求帮助它的方法。

9月 26日

道德上的努力

道德上的努力需要持续不断，因为肉欲的成长是无止境的，人对精神的修炼一旦停止，便立刻为肉体所征服。

对犯错的人而言，要获得真理，不会那么容易。因为由那些过失带来的种种坏影响会以可怕的力量囚困住他。但假如我们不断地以坚定的脚步追求真理，真理便是个强而有力的东西，而最后的胜利总是属于真理的。

——露西·马洛丽

不甚明白的事情必须弄到明白为止，碰到难事必须以坚强的毅力去克服，去完成。

——佚名

对于一个人与恶搏斗所做的努力，我们是无法看到其全部结果的，我们只能看到他所实现的善的一部分。而他在努力过程中内心所去除的恶，完全不是我们的眼睛所能看得到的。

——佚名

来自自身的愤怒和悲伤，比迫使我们发怒和悲伤的人带来的害处更大。

——雷勃克

若不根除对女人肉体上的执着，你的灵魂便像小牛贴着母牛那样紧贴着尘世。

被肉欲所俘虏的人如同落网的兔子，因为一时急于解饿而陷入永恒不断的苦恼中。

——佛陀

纠正自己实在是件非常困难的事，但这是由于“罪恶”长久抓住我们不放的缘故，也就是说，是种种罪恶妨碍了我们对自己的纠正。我们内心的恶越深，与恶搏斗所经验的苦恼也越大。我们不能因为神让我们不得不斗争而责怪神，因为假如我们内心没有罪恶，也就不可能有斗争，也就是说，斗争的原因是在于我们本身的缺乏信仰。但从另一方面看，我们正是从斗争之中得救的；假如神未能加诸我们这种斗争，我们可怜的人类恐怕永远也无法解除罪恶。

——巴斯噶

我们若不对自己所具有的能力加以运用，就会忘记自己具有这些能力。

——露西·马洛丽

善事总是靠努力来完成的。努力一再重复，善事便成为习惯。

——佚名

※

任何教你行善的事情皆不可忽视，任何教你不要行恶的事情更不可忽视。

9月 27日

勿论断人

论人之短对一般人来说是一种乐趣；不了解这种乐趣之害的人，无法制止自己做这件事。而有些人虽了解论人之短的害处，却只因说起来开心而放任自己，那真是一种罪恶。

只听一个人所表白的思想，我们是无法对他的所作所为下判断的。同样，只凭一个人的所作所为，我们也无法判断他为什么做了那样的事，他脑子里在想些什么，他心中有怎样的觉醒。假定有一个人不知疲惫地从早到晚不停地奔走，或不停地读书、写字，或不停地劳动，或彻夜关起门来工作，只要我还不清楚他为什么做这些事，我就无法断定他是个爱好劳动的人或是个欣然为别人卖力的人。当然，夜夜游荡妓院者，就没有任何人会说他爱好劳动或为别人卖力。

假如一个人的目的不纯净（为金钱或名誉所做的事固然丑

恶，看起来美丽堂皇的事也往往有不纯净的目的），那么无论他如何辛劳，如何想完成伟大的事，我们都无法说他是个勤劳的人或是对人有帮助的人，只有当一个人为自己的灵性、为神、为别人而努力，我才能说他是个辛勤的、对世人有帮助的人。

但别人的心却常常如黑夜般让人无法看清楚，我如何了解只有别人本身才会了解的内在活动呢？因此我们是无法批评别人的，也就是说，我们是无法毁谤人、赞同人、谴责人或为别人辩护的。

——艾皮科蒂塔斯

我们最不完整的能力就是自己内在的洞察力；我们对别人的恶似乎总能观察入微，对自己的恶则几乎是盲目的。

——布朗

※

对别人下判断的时候，即使确实知道他的恶，我们也应该慎重，不给以恶评。若并不真正了解别人的恶，而只是人云亦云——这种事更应当避免。

9月28日

受暗示的行为

人的大部分行为都不是凭理性来判断的，甚至也不是凭情感，而是凭无意识的模仿或暗示而做的。

所谓教化，乃意味着人走出自己幼稚境地的一条活路。而幼稚境地，则是指没有别人的指导便无法让自己理性活动的境地。而一个人之所以具有这种幼稚境地，原因并不在于他的理性力量之不够充分，而在于没有别人的指导便缺乏运用理性的勇气和决心。

——康德

带着勇气运用自己的理性，是教化的第一步。

——康德

如果人能从自己内在的各种声音中分辨出永恒的真正的声音，就绝不可能犯错，也不可能行恶。为达此目标，最重要的莫过于先了解自己。

——佚名

好好观察大众愚昧无知的原因吧，如此你将发现最大原因并不像我们习惯上所认为的在于学校或图书馆的不足够，而在于他们心中被灌输的种种迷信。

——佚名

作为社会的一员，我们最重要、最困难的义务是了解社会给予我们的恩惠，却不受它的束缚；容忍别人的思想或信念，并维持自己的判断权利；接受别人的觉醒，并听凭自己灵魂的要求行动；虽与别人共同行动，却听凭自己的良心；把尊重别人的意见与自我信赖互相结合。

——佚名

※

一旦感觉到自己的行为不是听凭理性，也不是听凭自己内在的觉醒，而是听凭外来的别人的影响，你应该立刻停止行动，想想别人的暗示究竟是善的还是恶的。

9月 29日

战争的愚蠢与疯狂

在战争的一切惨祸与恐怖之外，我们还能举出一种极大的恶果，即理性的扭曲。只要有军事与军事费用存在，似乎就有加以说明的必要，但要做合理的说明是做不到的，这时候就会产生理性的扭曲。

米克罗说："你们都是具有理性的原子，而'永恒性'更使理性表现了美与力。你们在地球上一定沉浸于纯洁的喜悦中，这是因为你们的物欲少，精神力发达，你们得以在爱与思想中形成自己的生活——而精神体的真正生活，就在爱与思想的生活中。"对这些话，所有的哲学家都摇头否定。其中有一个人以最率直的口气说："除了被少数人所尊敬的一小部分人之外，其他所有地球上的居民是由狂人、歹徒和不幸者所组成的。"

"假如恶由肉体生活而产生，那是因为我们内含藏着超乎需要的肉体要素；假如恶由精神生活而产生，那是因为我们内含藏太多的精神要素。”他继续说，“例如现在戴着帽子的数千狂徒与数千包着头巾的生物正在互相残杀，而且这是太古以来世界各地都存在的事。”

“这些微小的生物为何而互争呢？”

“是为了一小块土地而互争。”哲学家回答，“但互相残杀的人本身与这一小块土地并没有直接的关系，他们的问题只在于这块土地是属于称为帝王的人或属于称为王侯的其他人，而那位帝王或王侯自己往往都没有见过这块土地。我们却从未见过动物之间是为了其中某一只动物而互相残杀。”

“不幸的人啊！”米克罗说，“我无法想象比这更疯狂的事……好，我试着向前走两三步，把蚂蚁窝般聚集起来的杀人犯全部摧毁！”

“这是用不着的。”哲学家们回答，“他们本身已经为这样的事而心碎，并没有处罚他们的必要。该处罚的是那些坐在自己的皇宫，命令人民去杀人，命令人民因战争胜利而感谢神明的野蛮人。”

——伏尔泰《米克罗梅加》

别人居然有杀戮我的权利，还有比这更不合理的事吗？而且理由居然是他的国家和我的国家发生了冲突（他住在河的那一边），而我和他之间本来一点事都没有的。

——巴斯噶

有一天，大家一定会了解战争的愚蠢和疯狂。

四世纪以前，比萨与路加的居民之间存在着深仇大恨，那种憎恨强烈到似乎永远都化解不开似的，因此连最卑贱的比萨走卒都以接受路加市民的任何东西为可耻的叛变行为。但这种仇恨为今日留下了些什么呢？而普鲁士人对法国人的仇恨又为日后留下了些什么呢？在我们的子孙看来，这种仇恨就跟斯巴达人对雅典人、比萨人对路加人的仇恨一样，我们是可以这么确信的。有一天，世人将会觉悟到自己有比互相攻击更重要的事，觉悟到我们共同的敌人是贫困，是愚昧无知，是疾病。因此我们的努力应该全部在于消除这些可怕的不幸，而不应该倾注全力让彼此陷于更大的不幸。

——里歇

※

别为战争辩护，对罪恶看起来合理的论调只不过是理性的歪曲。

9月 30日

孤独中倾听神的声音

人越是孤独，越能听清楚神呼喊我们的声音。

沉默吧！
深藏在沉默里，
潜入心底最深奥处！
你的思想和情感，
将如闪烁夜空的星光。
珍惜这一切，并保持沉默！

心灵需要表白自己吗？
如何能让别人了解我们的心魂呢？
别人能了解你活着所凭的是什么吗？
用言语表白的思想必已失真。

别将泉水搅浑了，
在沉默中培育你的思想吧！

从内心去寻求生存之道，
一切就在你的灵魂中；
外界的噪声将破坏思想的完美境界，
世俗生活将使内在的光黯然。
倾听神秘的思想之歌吧，在沉默里！

——杜杰夫

碰到人生各种重大问题的时候，我们经常是孤独的；而我们真正的经历几乎不是别人所能了解的。人生这一出戏剧最卓越的部分是独白，或者说是我们和神之间以及我们和自己之间沟通的部分。

——爱弥尔

巴斯噶说，人必须独自一个人死。同样的，人也必须独自一个人面对生命；在重要时刻，人经常是孤独的，也就是说，在这种时候我们不是跟人在一起，而是跟神在一起。

——佚名

为人所需却无求于人者，是幸福的。

——佚名

罪恶深重者虽然在生活上与别人有密切联系，但罪恶越深，越能意识到自己的孤独。反之，善良而聪明的人在众人之中虽然常感到孤独，但在孤独之中却能意识到自己与全人类的合一。

——佚名

年轻时代不找人表白心愿是困难的，但等到成长以后回顾自己所表白的心愿，却往往如未开放便凋谢的花苞。这么说来是怪可怜的。

——佚名

※

有时，让自己与外界隔绝，沉潜到内心与神相通的地方，精神需要借此来培育，如同肉体需要借食物来养育。